序章

JN065265

社会環境の変化と子育て支援

 子育てに関わる社会環境の変化

　子育ては、喜びと苦労のどちらも同時に受け取る、人間の大切な営みである。子どもを育てることは大変やりがいのあることではあるが、苦労も少なくなく、決して一人でできるものではない。それにもかかわらず、周りに助けを求めることができない保護者がいる。「子育てが"孤育て"になっている」などといわれ始めたのは最近ではないが、地域のなかで、大人が協力し合って子育てしていく光景が自然発生的に見られるのは、現代ではなかなか少ないのが現状ではないだろうか。

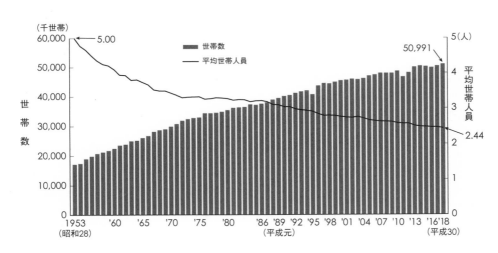

※1995（平成7）年の数値は、兵庫県を除いたものである。
　2011（平成23）年の数値は、岩手県、宮城県及び福島県を除いたものである。
　2012（平成24）年の数値は、福島県を除いたものである。
　2016（平成28）年の数値は、熊本県を除いたものである。

図1　世帯数と世帯人員の状況

出所：厚生労働省統計資料「平成30年国民生活基礎調査の概況」をもとに作成

時々、報道される児童虐待の悲惨な事実には目を伏せたくなるような状況もある。これは一部の話かもしれないが、傍目には楽しそうに子育てをしているように見える母親であっても、「虐待のニュースを見ると、その気持ちがよくわかる」とつぶやくことも少なくない。子育ての支援が届かない状況にあっては、多くの保護者が危うい状況と紙一重の状態に置かれていると考えられるのではないだろうか。"孤育て"の状況ができてしまうような現代社会のなかでは、子育てが難しい時代となっている。

　図1を見てみよう。これは、世帯数と平均世帯人員推移を示したものである。
　昭和20年代後半（1950～1954年）には5人家族が平均的な人数だった時代から、世帯人員は減り続け、2018（平成30）年には、平均は2.44人となっている。近年では、家族の単位が小さくなっているのである。

　昔からお茶の間でお馴染みのサザエさんは7人家族であり、3世代が揃っている。サザエさんの生活の舞台になっている昭和30年代（1955～1964年）頃には珍しくなかった多世代の家庭である。サザエさんの子どもタラちゃんが、両親だけではないたくさんの人たちに囲まれて育つ風景がほのぼのと描かれている。母親のサザエさんが家事で忙しくしていても、代わってタラちゃんと遊んでくれる人がいる。

　一方、子育てを一人で抱えている母親の場合には、母親自身の体調が良くないときも、無理をしながら子育てを続けるしかないということになるだろう。母親の手に負担が大きくのしかかっていることが多い現代の子育て事情は、本来楽しいはずの子育てを辛いものにしてしまう場合がある。

　もう少し時代は後になるが、ドラえもんに出てくるのび太くんの家族は核家族である。ドラえもんの生活の舞台になっている昭和50年代（1975～1984年）頃は核家族が増えた時代である。祖父母の家庭内での日常的な育児協力についてはサザエさん家庭とは異なるが、のび太くんには地域の遊び仲間がいた。約束するともなく、ふらりと公園に赴くと、そこにジャイアンやスネ夫やしずかちゃんなど、いつのまにかいつもの仲間が現れ、そこで何らかのやり取りが始まる。地域のなかに、子どもが遊べる場所（空間）や仲間、そして時間が、今よりも多くあったといわれている。

　一方、現代の子どもたちは、遊びたいと思ったときにはアポを取り、時間や場所の調整をしながら一緒に遊ぶということが少なくないのではないだろうか。また、外で子どもたちが群れで遊ぶ光景は、昔のものとなってしまったようである。現代の子どもには、「仲間」「空間」「時間」という三つの「間」がなくなったといわれるようになったが、この頃は、群れで遊ぶ子どもたちを地域の大人たちが自然に見守る光景があったのではないだろうか。親ではない大人が子どもに声をかけることは、現代よりずっと多かっただろう。地域の大人が子どもの育ちにかか

保育者のための
子育て支援
入門

ソーシャルワークの視点から
やさしく学ぶ

園川　緑・中嶌　洋❖編著

井上美和・岡田早苗・土永葉子・丸谷充子❖著

萌文書林
hobunshorin

はじめに

　このテキストは、保育士養成の科目のなかに新たに組み込まれた科目「子育て支援」に対応している。現代は、子育てが大変難しい時代だといわれ、社会全体で子育てを支えていくことが必要だといわれている。そのなかでもとりわけ、多くの子どもの育ちにかかわる保育者はその中心的な役割を果たし、保育所のなかだけではなく、地域の親子も含めた子育て支援や支援のコミュニティを作ることについても期待されている。元々、保育士養成のなかには「社会福祉援助技術」や「相談援助」「保育相談支援」などのソーシャルワークを学ぶ必修科目があり、保育士資格の取得を目指す学生がソーシャルワークを学んできた。今回は、そのなかでも特に「子育て支援」に関する割合が大きく取り上げられることになった。その背景には、最初にも述べたように子育てが大変な時代になっているということがあげられる。児童相談所の児童虐待相談対応件数の驚くような増え方、子どもの貧困、発達に心配がある子どもの対応等、問題が複雑であることも考えると、子育てに関する問題に対応するには、広い視野をもつことが必須であるといえるだろう。

　このテキストは、「相談援助演習入門」[1]のなかで扱われた"ソーシャルワークの基本"となる部分を大切にしている。そして、具体的な内容については保育園や地域の子育て支援などの内容を多く取り入れるようにした。まず子どもの最善の利益のための子育て支援であり、子どものための良い保育そのものが子育て支援になる。また、日常の保育や子どもの様子をわかりやすく保護者に伝えるためのさまざまな工夫があり、それらも子育て支援の一つとなる。さらに保育者は、広い職域のなかで、幅広く多様な子育てニーズに応えていくためにソーシャルワークの知識や技術が必要である。それは、カリキュラムが変わり、科目名が変更されても変わるものではない。そして、それを実践に活かしていくために、対人援助の専門職としての資質にもかかわる「人間性」や「倫理」といわれる基本部分が育っていることが大切である。それがあってこそ、「知識」や「技術」が活かされていくことだろう。

　そのため、このテキストではさまざまな人とかかわる対人援助の専門職である保育者が自己をみつめるところから、ソーシャルワークの実践につなげられるようにと考えられている。基本になる土台部分は、一朝一夕に培われるものではないが、実際に人とかかわることを大切にしながら自己を振り返るなかで、成長していけるのではないだろうか。

　現代の子育てには多様な福祉ニーズがあるが、一人ひとりに対して丁寧な対応ができることを目指して、このテキストは作られた。構成については、①知識の解説（概論）②事例紹介③事例解説

④知識の定着を図る演習問題（ミニワーク）を含み、毎回の授業での学びが定着するよう工夫した。保育を学ぶ学生の皆さんが多くの事例に取り組む中で、専門職としての基本を忘れず、どのような親子に出会ったときにも応用できるような学びにつながることを願っている。

　本書の刊行にあたり、お力添えいただいた萌文書林の赤荻泰輔氏をはじめ、制作にあたったスタッフの皆様に心より御礼を申し上げる。

編 著 者

参考文献

1　中嶌洋・園川緑編著（井上美和・大賀有記・土永葉子著）『保育・社会福祉学生のための相談援助演習入門』萌文書林、2015

凡例

　本書では、法令や資格にかかる表記は「保育士」「保育教諭」等とし、それ以外の本文中はこれらの総称として「保育者」の表記を使用している。

第**2**章
保育者の行う子育て支援の展開

第 **3** 章
保育者の行う子育て支援とその実際

終章

子育て支援の現状と課題

わっていく姿は、ドラえもんの話のなかにも登場する。

事例1 ....

　　まやさん（30歳）は、3歳と1歳の子どもを育てる専業主婦の母親である。
ある日、まやさんは体調がすぐれず、横になりたい気分だった。朝、夫を見
送った後、熱があるようにも感じたが、恐くて体温を測る気にならなかった。
もしも発熱している場合には、自分の体温を見て、その日一日、子育てができ
ないように思ったからである。病院に行きたいという思いを自分で抑えながら
では、子どもと向き合えないように感じたからである。

　　通院はあきらめることにしても、その日はいつものように子どもたちを公園
に連れ出すのは、きつく感じ難しい状態だった。

　　しかし、3歳のたくやくんは、おもちゃのじょうろを見つけた途端に公園の
水遊びを思い出し、「ママ公園行こう。公園だよ。公園」と言い、「今日はママ
の具合がよくないから、お家で遊ぶの」と話すが、子どもには子どもの思いが
あり、何度も何度もそれを繰り返す。たくやくんはだんだんつまらなくなり、
1歳の弟りょうくんが遊んでいるおもちゃを取り上げては泣かせてばかりの状
況になってしまった。まやさんは、子どもの泣き声が聞こえないようにと布団
をかぶってしまった。

....

　　子育てを一手に引き受けるまやさんのような核家族の専業主婦の母親であれば、
このようなことは、日常的に起こりうる場面である。家事や育児以外の仕事をし
ていないという状態は、子育ての大変さを知らない人にとっては楽であると捉え
られるかもしれない。しかし、「ワンオペ育児」という言葉もあるように、自分
自身の体調に関係なく24時間の子育てをこなしていくのは、予想以上に大変なこ
とである。

ワーク
1
―――――――――――――――――――――――――――――
　　　　　　　　　　　　　　　　　　　　　　　　　　　　　work

　1．まやさんにどのような支援が必要であるか考え、できるだけたくさ
　　ん書き出してみよう。

2．書き出したことをグループで発表し合い、気づかなかったことを書
き留めておこう。

サザエさんとドラえもんの時代の良さは何だろうか。今の時代に引き
継いでいきたいことは何があるだろうか。グループでディスカッション
し、その内容を書き留めておこう。

2 子育て支援の必要性

（1）子育ての大変さ──児童虐待の現状

　笑顔の子どもを目の前にすると、思わず大人も笑顔になる。子どもがいるだけ
で雰囲気が和んでいくという場面は少なくないだろう。しかし、児童相談所の虐
待相談件数は増える一方であり、留まる気配は見えない。詳しくは第3章でも登
場するが、統計を取り始めた平成の初めから徐々に増え、平成20年代（2008～
2017年）ではさらに急激な勢いで、増加の一途を辿っている。これらについては、
テレビや新聞紙上でもよく見聞きするようなニュースとなってしまっている。
　諸々のニュースやこのグラフから、辛い立場の子どもがいること、子育てを楽

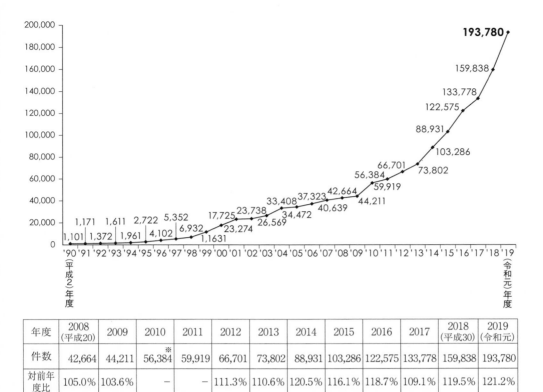

年度	2008 (平成20)	2009	2010	2011	2012	2013	2014	2015	2016	2017	2018 (平成30)	2019 (令和元)
件数	42,664	44,211	56,384[※]	59,919	66,701	73,802	88,931	103,286	122,575	133,778	159,838	193,780
対前年度比	105.0%	103.6%	－	－	111.3%	110.6%	120.5%	116.1%	118.7%	109.1%	119.5%	121.2%

※2010（平成22）年度の件数は、東日本大震災の影響により、福島県を除いて集計した数値

図２　児童相談所での児童虐待相談対応件数の推移

出所：厚生労働省資料をもとに作成

しめない親がいることが伝わってくる。なぜこのような状況になっているのだろうか。ここで立ち止まって考えなければいけないのは、親を責めるだけでは何も変わらないということである。今、この社会に生きる私たち一人ひとりが、何ができるかを考え、何かできることをしていかなければならない状況にある。現代の社会問題ともいえる児童虐待の問題は、待ったなしの喫緊の課題であり、早急な対応が必要であることは言うまでもないことである。

（2）子育ての大変さ──ヒトの子育て

　2016年に、NHKスペシャル「ママたちが非常事態!?〜最新科学で迫るニッポンの子育て〜」が放映された。すると、子育て中の母親たちからの予想以上の反響があり、取材班は子育てに悩み苦しむ母親たちの多さを思い知ったということである。放送終了後に母親から、「肩の荷が下りた」「涙が流れて仕方なかった」「子育てを振り返って、あのときの私に言ってあげたいと思った」などの声が多く、大反響があったということである。

社会環境の変化と子育て支援　**11**

この番組は、自分の子育ては間違っているのではないかという思いに苛まれたり、自分の子育てに自信がもてないのはなぜか!? を最新科学で解き明かそうとしたものである。

番組によると、アフリカのジャングルの奥で子育てをしているバカ族は、今も共同養育をしているということであった。映像のなかで、母親が乳呑み児を他人に預け、森に出かけていく姿があったが、それは、人間本来の子育てのかたちであるという。ヒトには本来の共同養育の欲求があるのに、「誰も助けてくれない状態での子育て。そんなことができるはずがない。できないようにできている。子育てが辛いのはママのせいではない」と説明しているる。「孤育て」という言葉が登場するような現代の子育ては、ヒトにとって異常な状況なのではないだろうか。子どもはかわいい。そして、愛おしい。しかし、それでも一人で抱える子育ては、苦労の方が勝ってしまうのがヒトなのではないかと感じている。

（3）子育ての大変さ──現代社会のなかでの子育て

電車に乗るのに気兼ねをする子育て中の母親

乳幼児を育てる子育て真っ最中のママたちのグループワークの話です。集まったメンバーは毎日、子どもと24時間向き合い、子育てに孤軍奮闘しています。ママ同士が語り合う中で「3日間、自由時間があったら何をしたいか」ということを話す場面がありました。するとあるママは、ポツリとこう答えたのです。「一人で電車に乗りたい」と。乳幼児の子育て真っ最中の時期は、なかなか一人で何かをするということが簡単ではありません。お風呂やトイレさえもゆっくり一人で入ることが難しい人も少なくないでしょう。そして先ほどのママは、こう続けました。「子どもと一緒だと、騒ぐかもしれないから気が気じゃないし……」と。電車に乗るには周りを気遣い、なかなかゆったりとした気分になれないという気持ちを語ってくれました。そんな子育て真っ最中のママの気持ちをもっと社会に発信していかなければと思った場面でした。

引用：園川緑「こども生き生きシリーズ」一般社団法人東京都民間保育園協会広報誌
　　　第122号、2019

学生の皆さんは、3日間自由時間があったら何をしたいだろうか。乳幼児を連れて電車に乗ることは、とても勇気がいることなのだということが伝わってくる話である。このように感じるのは、きっとこの母親に限ったことではないだろう。

（4）多世代の子育ての風景——絵本の世界より

　右の絵本（**図3**）は、いわむらかずお『14ひき
のこもりうた』（童心社、1994年）である。本書に
は日常の一コマである眠る前の家族の幸せな様子
が描かれている。14ひきの家族は大家族である。
祖父母、父母、そして10人の兄弟姉妹の14匹家族
である。小さい子どものお世話をするのは、その
時々により、母親だけではなく、お父さん、おじ
いさん、おばあさん、お兄ちゃん、お姉ちゃんな
どが登場し、皆で子育てを行っている。このペー
ジは就寝時間の様子であるが、眠くなると、小
さな子どもはやはり"ママのおひざ"が恋しくな
るのか、ここでようやく母親が子育てに登場する。
この大家族の様子には、現代の子育てへのヒント
があるのではないだろうか。

**図3　いわむらかずお『14ひきのこ
もりうた』**

出所：童心社

　子育てが辛いと感じるのは、決して特別なこと
ではない。一人で子育てを抱えていたらもちろんのこと、子育てに協力的な家族
がいる場合でも、大変なことが少なくない子育てである。

　その上、多胎児の場合や子どもに障害がある場合、外国籍の家族の場合など、
子育てしていく難しさはさらに増し、特別な子育て支援が必要になるだろう。人
は、支えがあってこそ、子育ての楽しさを感じることができ、それが子育てに直
接的な良い影響を与えていく。保育者をはじめとする子どもの育ちにかかわる多
くの大人は、子育てを支えていく社会作りにも思いを馳せる必要がある。次世代
の育成は、社会全体の責任であり、今、一人ひとりができることを考えていくこ
とが求められている。

> **事例2** ･･･

　ある日、電車のなかで出会った子ども連れの家族の話である。3歳くらいの
双子のような女の子が2人、両親らしき2人の間にちょこんとかわいらしく
座っている。足をぶらぶらさせながら、女の子たちは笑っている。きっと、パ
パとママと姉妹と一緒にお出かけするのが、楽しいのだろう。電車のなかは空
いている状態で、その車両のシート1/3くらいのシートが埋まっていた。とても
楽しそうな、ほのぼのとした光景であるのだが、それぞれの子どもが笑うたび
に父親は「しっ」と言い、指を一本口に当て、少し怖い顔を見せ、その度に静
かにするように子どもに言い聞かせていた。一瞬シーンとなるのだが、子ども

たちは時々嬉しそうにまた笑う。その後、母親が子どもにスマホを与え、子どもたちはスマホに集中し、電車のなかは静まり返った。

両親は、周りの人に気兼ねするように、子どもたちを静かにさせていた。決して大声とはいわないような笑い声に対して、必要以上とも思われる対応をしていた。

一般社会では、子どものことが好きな人ばかりではない。"静かにさせるのは親の仕事"と言わんばかりに親子に厳しい視線を向ける人もいる。親にとって、子連れで電車等に乗るのは気軽にできることではないという現実がある。

ワーク 3

work

1．事例を読み、両親の対応について考えてみよう。両親は、なぜそのような行動をとったのだろうか。その理由として考えられるものをあげてみよう。

2．社会の子育てに対する寛容さについて、グループでディスカッションし、出てきた意見を書き留めておこう。

work

事例3　ちえこさんのインタビューより

　ちえこさんは、昭和一桁生まれの女性である。兄弟姉妹が多いちえこさんは、6人きょうだいの長女として、妹たちのオムツ替えやオムツの洗濯もしていた。農繁期になると、ますます家の仕事の手が足りなくなり、ちえこさんは小学校を休ませられ、妹の面倒を見ていたということである。兄弟姉妹の数が多いために長女のちえこさんはいつも忙しく働き、忙しいときには学校よりも家の仕事が優先されていた。

　ちえこさんの家には、妹も弟もいるが、その他にも近所の子どもたちがよく遊びに来ていた。ときには、近所の赤ちゃんがちえこさんの母親の母乳をもらいに来ることもあったそうである。ちえこさんの母親は母乳がよく出たので、母乳の出が良くない別の母親を助けるという子育ての助け合いもあったということである。

昭和の初め頃は、兄弟姉妹が6人というのも珍しくない時代である。また家の仕事のために学校を休む、母乳を我が子以外にも与えるという話等、その時代の様子の一端を知る手がかりになる内容である。

ワーク4
work

　あなたのおばあちゃんやおじいちゃん、身近な人に"昔の子育て"をインタビューし、印象に残ったことを書き留めておこう。

１．話を聞いた人

２．話の内容

３.一番印象に残ったこと

work

3

子育て支援の基本

（１）子育て支援に関する法律や指針

保育士と子育て支援

児童福祉法
第十八条の四　この法律で、保育士とは、第十八条の十八第一項の登録を受け、保育士の名称を用いて、専門的知識及び技術をもつて、児童の保育及び児童の保護者に対する保育に関する指導を行うことを業とする者をいう。

児童福祉法には保育士の仕事が、子どもの保育だけではないということが示されている。「保護者に対する保育に関する指導」とあるが、これは「子育て支援」のことである。指導という言葉から、何かを教えるようなイメージをもつ人がいるかもしれないが、ここでいう指導は、保護者の子育てに関する力を引き出すことが重要である。あくまで親子が主体である。それができる保育士こそ力のある保育士だといえよう。

　保育所保育指針の第4章「子育て支援」のはじめには次のように記されている。

　　保育所保育指針　第4章　子育て支援
　　　保育所における保護者に対する子育て支援は、全ての子どもの健やかな育ちを実現することができるよう、第1章及び第2章等の関連する事項を踏まえ、子どもの育ちを家庭と連携して支援していくとともに、保護者及び地域が有する子育てを自ら実践する力の向上に資するよう、次の事項に留意するものとする。（下線筆者）

　第1章は総則として保育所保育の基本原則等が述べられ、第2章では保育の内容が示されている。それらを踏まえ、子育て支援の留意事項が示されているが、子どもの育ちを支えるためには、家庭との連携は必須であり、保護者支援が必要であることは言うまでもない。保護者を支援することは子どもの家庭環境に良い影響を与え、その結果として子どもを支援することにつながる。また、子どもの育ちを支援することは保護者の喜びにもつながり、それが保護者支援にもなるという関係である。つまり、切り離して考えるのではなく、子育て支援は親子支援である。

　また、下線の箇所「自ら実践する力の向上」とあるように、保護者自身が子育ての力を付けていけるようにすることが大切である。

（2）ソーシャルワークの基本

　子育て支援を行うには、SW（ソーシャルワーク、以下SW）の知識や技術が必要である。そして、その知識や技術を活かすためには、基本となる土台が必要である。SWは、人と人とのかかわりで成り立つものであり、基本には「人間性」や「資質」と呼ばれる部分があり、SWの土台となっている。対人援助の専門職は、それを常に高めていく努力が不可欠である。すべて完璧な人はいない。それを踏まえつつ、他者を理解しようとする姿勢がなくてはならないのではないだろうか。それなくしては、子育て支援は不可能であろう。

　支援のために他者を理解しようとするときに、自分でも気づかないうちに顔を

図4　SWを行うための知識・技術・人間性の関係

出すのが自分自身の価値観である。他者を理解しようとするときには、併せてまずは自己理解が必要である。

　ここでは、支援しようとするときに顔を出す自分自身の価値観について考えてみよう。

事例4　　価値観が押し付けになる ···

　　ある地域の道端での井戸端会議の様子である。年配の主婦2人と若い子育て中の母親の3人が集まって話をしていた。主婦のアヤさんが若い母親に向かって、「パパが仕事で忙しくてなかなか子どもと遊んでくれないっていうけど……そんなのあたりまえ。仕事してるんだから、それくらい母親がんばらないと。私らのときなんか、うちのお父さんなんて全然手伝ってくれなかったわよ。全部、私がやったのよ。忙しいけど充実している時代よね」。主婦のチヅルさんはそれに対して、「そうそう。最近はイクメンとか何とかいうけれど、今の母親ちょっと甘えているかもしれないわよね。あなたの仕事よ。がんばってね」と言った。若い母親は、苦笑いしながら「はい……」と小さな声で言い、その場を離れていった。その後も主婦2人の会話が続いており、「今のお母さんはちょっと頼りないから、子育てのこと、私たちがいろいろ教えてあげましょうね」と話し、うなずき合っていた。

···

　主婦2人は決して、若い母親を責めるつもりではないのだろう。むしろ、積極的に子育ての力になりたいという気持ちもあり、いろいろと話しかけているのかもしれない。しかし、若い母親にとっては、逆効果になってしまっている事例である。

相手の立場に立つというのはどのようなことだろうか。グループで
ディスカッションして、出された意見をまとめておこう。

work

おばけの バーバパパ

さく／アネット-チゾンと タラス-テイラー　　やく／やましたはるお

図5　『おばけのバーバパパ』

出所：偕成社

　　SWを進めていくには、相手に合わせていくこと
が重要である。例えば、おばけのバーバパパは、火
事が起これば消防自動車になり、遊びたい子どもが
いれば庭の池で船にも変身する。必要性に応じて、
身体の形を変えていくことができる。相手の必要性
を捉え、必要な動きが取れるのである。SWの考え
方もその動きと重なるものがある。この後に続く章
には、子育て支援を行うために必要なSWの学びが
たくさん登場する。バーバパパを思い出しながら、
より良い支援の方向性を考え、実践につながる力を
付けていこう。

参考文献

アネット・チゾン、タラス・テイラー（山下明夫訳）『おばけのバーバパパ』偕成社、
　　2003年
いわむらかずお『14ひきのこもりうた』童心社、1994年
NHKスペシャル取材班『ママたちが非常事態!?──最新科学で読み解くニッポンの
　　子育て』ポプラ社、2016

保育者が行う
子育て支援の特性

1-1

子どもの保育と共に行う保護者の支援

① 保育所等のなかの子育て支援

（1）今求められている保育所等や保育者が担う役割

　保育所等（保育所、幼保連携型認定こども園[*1]、幼稚園型認定こども園[*2]、特定地域型保育事業等[*3]）を利用する児童の数は年々増加しており、2019（平成31）年は約268万人で前年から約6万5000人ほど増えている（**表1**）。しかし、保育所等を利用する児童数は増えているものの、子どもをもつことに不安を感じている人が増えている、という実態もある。2014年に実施された「子どもが生まれる前の子育

		保育所等数		利用定員数		利用児童数	定員充足率
2017年		32,793カ所		2,703,355人		2,546,669人	94.2%
	保育所等	27,029カ所	保育所等	2,597,763人	保育所等	2,458,864人	
	幼稚園型認定こども園等	871カ所	幼稚園型認定こども園等	35,146人	幼稚園型認定こども園等	30,882人	
	地域型保育事業	4,893カ所	地域型保育事業	70,446人	地域型保育事業	56,923人	
2018年		34,763カ所		2,800,579人		2,614,405人	93.4%
	保育所等	27,916カ所	保育所等	2,671,291人	保育所等	2,505,600人	
	幼稚園型認定こども園等	1,033カ所	幼稚園型認定こども園等	42,724人	幼稚園型認定こども園等	37,086人	
	地域型保育事業	5,814カ所	地域型保育事業	86,564人	地域型保育事業	71,719人	
2019年		36,345カ所		2,888,159人		2,679,651人	92.8%
	保育所等	28,713カ所	保育所等	2,739,372人	保育所等	2,552,529人	
	幼稚園型認定こども園等	1,175カ所	幼稚園型認定こども園等	49,745人	幼稚園型認定こども園等	45,256人	
	地域型保育事業	6,457カ所	地域型保育事業	99,042人	地域型保育事業	81,866人	

表1　保育所等の利用定員・利用児童数等の状況
出所：厚生労働省「保育所等関連状況取りまとめ（平成31年4月1日）」をもとに作成

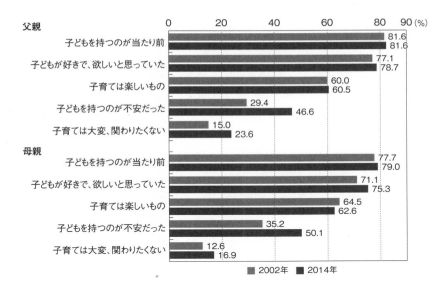

資料：三菱ＵＦＪリサーチ＆コンサルティング株式会社「子育てに関する調査（未就学児の父母調査)」
（2014年）

図1　子どもが生まれる前の子育て観（2002年調査と2014年調査の比較）

出所：厚生労働省「平成27年度版　厚生労働白書」をもとに作成

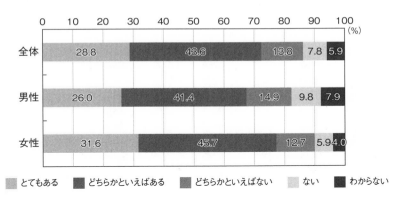

※０歳〜15歳の子どもがいる人を対象に質問

資料：厚生労働省政策統括官付政策評価官室委託「人口減少社会に関する意識調査」(2015年)

図2　子育てをしていて負担・不安に思う人の割合

出所：厚生労働省「平成27年度版　厚生労働白書」をもとに作成

て観」に関する調査によると、「子どもを持つのが不安だった」と答えた人の割合は12年前と比較して増加している（**図1**）。また2015年の調査で、子育てをしていて不安・負担に思うことが「とてもある」「どちらかといえばある」と答えた子育て中の女性は計77.3％であった（**図2**）。多くの保護者が育児に不安を感じている状況がうかがえる今、保育所等そして保育者にはどのような役割が求められているのだろうか。

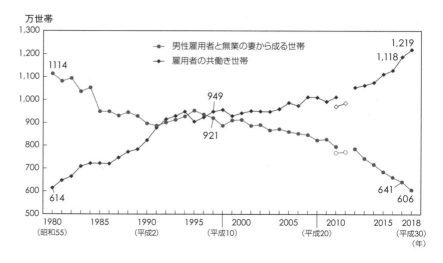

※1. 1980（昭和55）年から2001（平成13）年までは総務庁「労働力調査特別調査」（各年2月。ただし、1980年から82年は各年3月）、2002年以降は総務省「労働力調査（詳細集計）」より作成。「労働力調査特別調査」と「労働力調査（詳細集計）」とでは、調査方法、調査月等が相違することから、時系列比較には注意を要する。
　　2. 「男性雇用者と無業の妻から成る世帯」とは、2017（平成29）年までは、夫が非農林業雇用者で、妻が非就業者（非労働力人口及び完全失業者）の世帯。2018年は、就業状態の分類区分の変更に伴い、夫が非農林業雇用者で、妻が非就業者（非労働力人口及び失業者）の世帯。
　　3. 「雇用者の共働き世帯」とは、夫婦共に非農林業雇用者（非正規の職員・従業員を含む）の世帯。
　　4. 2010（平成22）年及び2011年の値（白抜き表示：○—○ ○—○）は、岩手県、宮城県及び福島県を除く全国の結果。

図3　共働き等世帯数の推移
出所：内閣府男女共同参画局「男女共同参画白書令和元年度版」をもとに作成

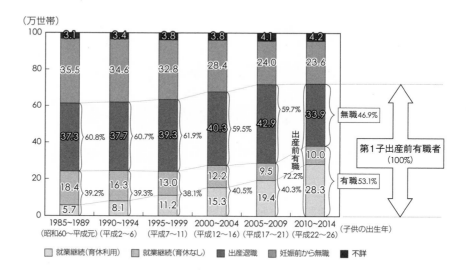

※1. 国立社会保障・人口問題研究所「第15回出生動向基本調査（夫婦調査）」より作成。
　　2. 第1子が1歳以上15歳未満の初婚どうしの夫婦について集計。
　　3. 出産前後の就業経歴
　　　就業継続（育休利用）：妊娠判明時就業〜育児休業取得〜子供1歳時就業
　　　就業継続（育休なし）：妊娠判明時就業〜育児休業取得なし〜子供1歳時就業
　　　出産退職　　　　　　：妊娠判明時就業〜子供1歳時無職
　　　出産前から無職　　　：妊娠判明時無職

図4　子どもの出生年別第1子出生前後の妻の就業経歴
出所：内閣府男女共同参画局「男女共同参画白書令和元年度版」をもとに作成

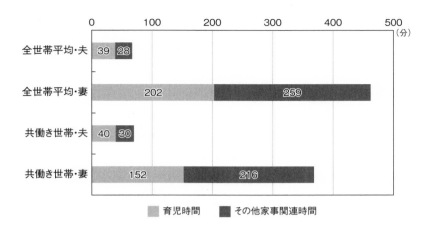

※「その他家事関連時間」は、「家事」「介護・看護」「買い物」時間の合計

資料：総務省「社会生活基本調査」(2011年)

図5　1日あたり末子6歳未満の夫婦の育児・家事時間（夫婦と子どもの世帯）

出所：厚生労働省「平成27年度版　厚生労働白書」をもとに作成

共働き世帯における育児の実際

　共働き世帯は増加しており（**図3**）、第1子を出産した後も仕事を続けている女性が増えている（**図4**）。共働き世帯では仕事と育児・家事の両立が課題であり、夫と妻が協力し合ってそれらを分担するのが望ましいが、育児・家事の大半を妻が担っているのが実際である（**図5**）。

　共働きで子育てをしている保護者はどのような負担を感じているのだろうか。ここに紹介するのは、ある母親が語ってくれたエピソードである。

事例1　　**理想の母親像との葛藤のなかで……**・・・・・・・・・・・・・・・・・・・・・・・・・・・

　上の子が3歳、下の子が1歳だった年の暮れ、キャリアアップしたいという思いで、資格取得のために試験勉強に臨んだ。夫にも協力が得られ、勉強を進めてみたものの子育てをしながら、となるとそう簡単にはいかない。夕飯やお風呂を何時何分までに終わらせたい、早く寝かせたいという気持ちから「早くして！」が口癖になり、焦りや苛立ちが子どもに伝わり、うまくことが運ばない。

　自宅とは別の場所で集中する時間をつくりたいと思い、週に数日、夫に早く帰宅してもらって子どもたちの食事や寝かしつけまでしてもらい、勉強がはかどった。

　しかし数週間後、子どもたちから「保育園から帰ってお母さんとお風呂に入りたい」「お父さんのお迎えは遅いから"早お迎え"してほしい」と泣き叫びながら言われ、子どもたちの心の声が聞こえた。「こんなに夫が子どもたちを見てくれているのに、結局"お母さん"なのはなぜだろう？」。私は、「やりた

いことがあるけれど、好いてくれている子どもたちから逃げているのか?」と自分を責めた。

　自らを省みて、勉強時間を工夫したこと、子どもたちとの時間、特に長男とは、否定や指摘をしない遊び時間を5分とって寝ることにした。すると長男が「お仕事がんばってね」と声をかけてくれるようになった。"こうありたい"と思う母親像に近づけぬ情けない気持ちと自分の理想像の葛藤がありながら、子どものちょっとした声援が成長と嬉しさを感じるのである。

⋯⋯

　子育てと仕事との両立のなかで、子どもの思いに応えられているのか、自問する母親の苦悩が浮かび上がってくる。保育所等の利用者のうち共働き世帯は多く、

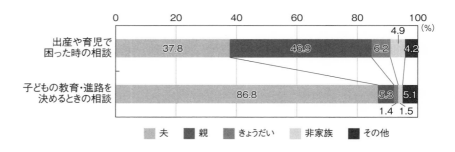

資料：国立社会保障・人口問題研究所「第5回全国家庭動向調査」(2013年)

図6　妻が子育てにおいて相談する相手

出所：厚生労働省「平成27年度版　厚生労働白書」をもとに作成

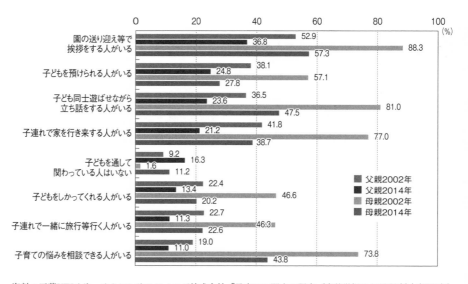

資料：三菱UFJリサーチ&コンサルティング株式会社「子育てに関する調査（未就学児の父母調査）」(2014年)

図7　子育て中の親が地域の中での子どもを通じた付き合い

出所：厚生労働省「平成27年度版　厚生労働白書」をもとに作成

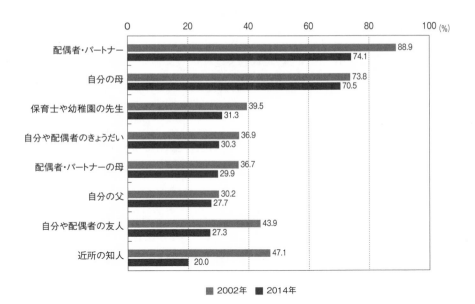

資料：三菱UFJリサーチ&コンサルティング株式会社「子育てに関する調査（未就学児の父母調査）」(2014年)

図8　子育てについての相談相手

出所：厚生労働省「平成27年度版　厚生労働白書」をもとに作成

子育てと仕事の両立に何らかの困難を抱えている保護者に対して保育所等や保育者の存在は大きな支えとなるはずである。

子育ての相談は誰に……

子育てに不安を感じている保護者、日々子育てに追われている保護者は困難を感じたとき、どこに相談相手を求めているのだろうか。

調査によると、妻が「出産や育児で困ったときに相談する相手」としては「夫」よりも「親」を選ぶ割合が高い（**図6**）。親が身近にいれば心強いが、離れている場合、いつでも相談できて対応してもらえるとは限らない。また、地域のなかに自分と同じように子育てをしている家庭が多ければ悩みなども相談できるが、「地域の中での子どもを通じた付き合い」について調査したところ、「子育ての悩みを相談できる人がいる」という人が減少している傾向がうかがえた（**図7**）。こうした中、「子育てについての相談相手」として「配偶者・パートナー」「自分の母」に次いで多くあげられているのが「保育士や幼稚園の先生」である（**図8**、2014年の調査）。育児に不安を抱えている保護者が増え、地域のつながりが脆弱化しているなかで、「子育ての相談者」「共に子育てを支える者」という保育者の役割への期待が高まっている。

（2）保育所等が行う子育て支援

　児童福祉法第18の４「保育士の定義」では「この法律で、保育士とは、第18条の18第１項の登録を受け、保育士の名称を用いて、専門的知識及び技術をもって、児童の保育及び保護者に対する保育に関する指導を行うことを業とする者をいう」[1]とされている。

　つまり、保育だけではなく保護者に対する保育に関する指導も保育士の仕事である、と法で定められているわけである。この「指導」とは、保育者が保護者の上の立場に立って指示することを指しているのではない。それでは、保育所等が行う子育て支援とはどのようなことを意識して行うものなのだろうか。

　「保育所保育指針／第４章　子育て支援／１－（1）保育所の特性を生かした子育て支援」には「ア　保護者に対する子育て支援を行う際には、各地域や家庭の実態等を踏まえるとともに、保護者の気持ちを受け止め、相互の信頼関係を基本に、保護者の自己決定を尊重すること。」[2]とある。この一つひとつについて考えていきたい。

———

work

事例2　　　　**入園してきたつばさくん** ・・・・・・・・・・・・・・・・・・・・・・・・・

　　４月から２歳児クラスに新入園児のつばさくんが加わった。母親の仕事の都合で朝も夜も延長保育を利用するつばさくんは、毎朝母親と離れるのがいやで泣いて登園してくるのだが、母親は朝忙しく、つばさくんを預けてさっと出かけてしまう。保育園の生活では特定の保育者がついていないと遊ぶことができない。午睡中はその保育者を求めて激しく泣く。連絡ノートを見ると、家庭で母親がつばさくんにゆっくりかかわってあげる時間はほとんどないようだ。

・・

・つばさくんはどのような気持ちであると思いますか。

work
———

　子どもの生活習慣や育ち、親子のかかわりなどについて気になることがあった場合、保育者の技術や知識と照らし合わせて捉えると、つい、「もっとこうしてあげればいいのに」などと批判してしまいがちであるが、それは保育者側からの

一方的な「子育て観」「あるべき保護者像」に過ぎない。子ども一人ひとりの家庭の状況はそれぞれ違うものであり、その違いを理解した上で子どもと保護者を見つめ、保護者を否定するのではなく、ありのままを受け止めてその保護者の気持ちに寄り添うことが大切である。

_____
                                                                work

- ・ある日、つばさくんの母親と面談を行ったところ、話をしているうちに母親は「つばさともっとかかわってあげたいけど、自分はシングルで仕事も家事も忙しくてできない」と泣き崩れた。あなたが保育者だったらどのように対応しますか。

_____*work*_____

　保育所保育指針では、保護者に対する子育て支援を行う際、「保護者の自己決定を尊重すること」としている。また、「児童の権利に関する条約」[*4]では、第18条第1項に「父母又は場合により法定保護者は、児童の養育及び発達についての第一義的な責任を有する。」[3]と明示されている。すなわち、子育てにおいて一番の責任を負い、子どもの「最善の利益」について選択・決定をするのは保護者である、ということである。しかし、保護者のなかには子育てや子どもの育ちについて責任を担いきれない人もいる。わが子にとって何が「最善」なのか選べない、それが何かがわからなくなっている人もいる。保育者は保護者が自ら「最善」を選択・決定できるよう、寄り添って支えていくことが求められる。その基盤となるのが、保護者と保育者相互の信頼関係だということである。つまり、保護者と保育者の信頼関係、パートナーシップが築かれているからこそ、保護者は相談することができる。

　これらの「気持ちを受け止めること」「寄り添うこと」「自己決定を尊重すること」といった、保育者が保護者に対する子育て支援を行うにあたって必要な基本的事項は、何かと同じであるということに気づくのではないだろうか。それは、子どもの保育を行う上で保育者に求められるあり方と共通するものなのである。保育者は子どもを援助する際、子どもの気持ちを受け止め（「受容」）、子どもの話を聞き（「傾聴」）、その心もちに寄り添う。子どもの興味・関心、意欲を大切にし、その主体性を尊重する。こうした働きかけは、子どもの気持ちがわかり、

その思いに共感してそれを尊重するという保育者の専門性そのものである。したがって、保育所等が行う子育て支援は、保育者がもつ固有の専門性を生かして行うものであると言えよう。

② 保護者との連携

（1）保育所等の特性を生かした支援

　保育所等で行う子育て支援は保育の営みと関連して展開される。保育所等を利用している家庭における施設の位置付けを考えてみてほしい。子どもたちは朝、それぞれの家庭から保護者と一緒に登園してくる。子どもを保育所等に預け、その間子どもたちはそこで生活をし、迎えに来た保護者と共にまたそれぞれの家庭に帰る。子どもたちにとって生活の基盤はその家庭にあるが、保育所等はもう一つの生活の場である。保育所等は家庭生活との連続性のなかに位置付けられており、各家庭の生活と密接につながっている。すなわち、日々の保育の営みのなかに保護者とのかかわりが存在しているのである。保育所等での子育て支援は、この日常的な保護者とのかかわりを通して行われるのが特性である。では、この特性をどのように生かしていけばよいのだろうか。

work

事例3　　**保育者の専門性を生かした支援**

　　ある日の朝の登園時、3歳児のひろとくんは母親となかなか離れられず、園庭で「ママがいい！」と激しく泣いている。母親は早く仕事に行かなくてはならず、困惑した様子である。

　あなたが**保育者**だったらどうしますか。

work

　子どもの気持ちを受け止める、それを代弁する、という働きかけは保育者として保育の基本であるが、保護者にとってはそうした対応が難しいときもある。しかし、保育者は子どもの気持ちの受容や、次の楽しみに子どもの意識を向けるこ

と、といったその技術を生かして保護者を支えていくことができる。

　また、保護者の困難や思いに共感することも大切である。保育者は子どもの気持ちを代弁する役割とともに、保護者の気持ちを代弁し支援する役割も担っている。さらに、お迎えの際にその日の様子などをひと言申し添えることによって日中、子どもを預けている保護者の安心につなげることができる。母親といたいという気持ちを切り換えて一日を過ごすことができたわが子の姿に成長を感じるかもしれない。

　保育の営みのなかに保育者と保護者とのかかわりが日常的に存在しているという保育所等のもつ特性は、保育者の技術や専門性によって子どもと保護者を支え、その思いに寄り添いながら保護者との信頼関係や連携を培うことによって子育て支援に生かされていくのである。

（2）保護者との連携のあり方とは

　保育所保育指針では「イ　保育及び子育てに関する知識や技術など、保育士等の専門性や、子どもが常に存在する環境など、保育所の特性を生かし、保護者が子どもの成長に気付き子育ての喜びを感じられるように努めること。」[4]（「保育所保育指針／第4章　子育て支援／1－（1）保育所の特性を生かした子育て支援」）と示されている。

　保育者はさまざまな専門性をもっている。子どもの発達を理解し、それに合わせた援助を行うことができる。そして何よりも子どもの心がわかり、子どもの目線で子どもと同じ世界を見ることができる。その保育者の"目"は、保護者の気持ちも捉えられるものである。これらの専門性や技術をもっていることそのものが子育て支援の第一歩であり、支援をする上での大きな力となる。これらは保護者にとって、ときに子育てのヒントとなり、ときに救いとなるものである。

　また、保育所等の環境が、子どもが常に存在するものであるということは、同じように子育てしている家庭が複数存在している環境でもあるわけであり、多くの子育て家庭からなるコミュニティに等しい。それは保護者にとって相談者や理解者が身近にいる、という安心感につながるものである。

　そして、保育者は保育を通して一人ひとりの子どもの成長を捉えるという専門性ももっている。保護者が子どもを預けている間見ることができない子どもの姿を、慌ただしい子育ての日々のなかで気づかなかった小さな育ちを、認めることができるというのは保護者にとって大きな喜びである。そのわが子の成長を共に喜んでくれる人がいる、というのはさらなる喜びであり、それは子育ての意欲につながっていく。

　家庭生活との連続性のなかにある保育所等において日々、保護者とかかわる保

育者は、保護者にとって最も身近な専門職であり、いつもわが子に寄り添ってくれる存在である。保育所等での子育て支援は、保育所等がもつ環境と保育者のもつ技術や専門性を生かしつつ、保護者と共に子どもの育ちを支え、共に育ちを喜び合っていくことによる連携の下に行われるものである。

 ## ３ 保護者支援と子育ての実際

（1）子育ての課題

　保育所等を利用している家庭は、家族構成や環境など多種多様であり、そこにある子育ての課題も異なっている。例えば、子育てについてどうしたらよいかわからなくなる、イライラすることがある、配偶者の協力が得られないなどの負担感、あるいは子どもの教育や将来についての不安感など、さまざまな課題が存在している。また、経済的困窮、孤立、家族間の不和、不安定な就労状況、養育者の精神的な問題、病気や障害などといった生活上の課題を抱えている家庭もある。こうした生活上の課題は、複数の課題が複雑に絡み合い、累積して一層深刻な状況となって虐待等の不適切な養育につながる危険性もあり、その場合は保育所等だけで対応するのではなく、地域の関係機関と連携していかなければならない。課題やニーズによってそれに対する支援も状況に合わせて適切に行っていくものであり、保育所等は、一つ一つ異なる家庭が抱えている課題やニーズを把握し、個別に支援を行っていく必要がある。

　それでは、保育者はこうした個々の子育ての課題をどのように把握すればよいのだろうか。子育て支援における保育者の強みの一つは、保護者との関係性がすでに築かれている点にある。つまり、子どもの保育を通じて保護者とかかわるなかで、それぞれの家庭の抱える課題やニーズに触れる機会がある、ということである。しかも保育者は日々保護者とかかわっているため、保護者の課題やニーズの変化をも捉えることができる。例えば、２歳を過ぎた頃の子どもの保護者から「最近、全然いうことをきかなくて」といった、いわゆる「イヤイヤ期」について相談を受けることがある。子どもの発達過程について知識があり、一人ひとりの子どもの育ちを継続的に見ている保育者だからこそ、今、保護者が向き合っている子育ての課題が「イヤイヤ期」という成長の証であることを理解でき、また、それに合わせた援助に関する技術をもっているからこそ、保護者に子どもへの対応についてアドバイスができるのである。その発達の時期によって生じる子育ての課題やニーズに対し、日常的に保護者とかかわる保育者の立場を生かしてそのもてる専門性により保護者自身の育てる力を支えていくのが、保育者による子育て支援であると言える。

work

事例4　「なぜ？　どうして？」と聞いてくるあまねちゃん・・・・・・・・・・・・

　　3歳のあまねちゃんは、近頃いろいろな質問をしてくる。今日は、「なんで、
葉っぱは赤とか黄色になるの？」と聞いてきた。

・・・

　あなたが保育者なら何と答えますか。

work

　おそらく、3歳の子どもに対して紅葉を科学的に説明する保育者はいないので
はないだろうか。子どもと一緒に考えたり、疑問を投げかけたり、あるいは子ど
もの発見そのものに驚くなど、子どもの想像力や世界観をこわさないようにしな
がら、その疑問を受け止めるであろう。これはまさに、子どもの視点に合わせて
その感性を受け止めることのできる保育者ならではの専門性であると言える。
　それでは、この保育者の視点を子育て支援にあてはめてみよう。

work

事例5　質問攻めのあまねちゃんに困惑している母親・・・・・・・・・・・・・・・・

　　ある日、3歳のあまねちゃんの母親から次のような相談を受けた。「最近、
あまねが『なぜ？　どうして？』ばかりで困っています。この前、『なんで、
葉っぱは赤とか黄色になるの？』と聞かれたのですが、どう答えたらいいで
しょう」。

・・・

　あなたは、母親に何と答えますか。

work

きっと保育者は、「これを勉強のきっかけにするように」などと勧めたりはしないであろう。あまねちゃんの感性を大切にして答える方法をアドバイスするはずである。「かわいい質問ですね」などと受け止めれば、母親の視点が変化するかもしれない。あまねちゃんの発見を「そんなことに気づくなんてすごい」と伝えれば、母親にとっての"困りごと"が"育ちの姿"へと変わる。あるいは、「親子で一緒に考える」「紅葉を見つけに行く」などの提案は、新たな親子の時間をつくり出すきっかけになるかもしれない。

　子どもと同じ視点で子どもの感性を受け止めることができる保育者だからこそできる支援である。保護者の悩みに対して子どもの心を理解することのできる保育者の専門性を生かしていくことで、それが保護者の心の支えとなる。さらに、「お母様も大変ですね」と保護者の悩みを受容し、共感する言葉も忘れないようにしたいものである。

　保育者が保護者とのかかわりのなかで把握できる課題のなかには、保護者の子育てへの負担感や不安感の増大、精神疾患、経済的困窮、家族間の問題など生活上の課題を抱えているケースもある。こうしたケースでも、日々保育が展開され、保育者という専門職が存在している保育所等の特性を生かして支援を行っていくことが求められる。

（2）生活上の課題を抱える保護者と子どもに対する支援

ワーク
6

work

事例6　　　**家庭生活が気になるゆかりちゃん** ······················

　4歳児クラスのゆかりちゃんは登園が遅く、時々連絡がなく欠席することもある。

　スナック菓子の袋をもって食べながら登園して来たり、給食をかきこむように食べたりする姿から、朝ごはんは十分にとっていないようだ。前日と同じ洋服を続けて着てくる日やお風呂に入っていない様子がうかがえる日もある。

　ゆかりちゃんは母親と二人暮らしのひとり親家庭で、母親はうつ病を患っている。パート勤務をしているが、仕事も休みがちで生活保護を受けている。保育者とはあまり話したがらず、他の保護者との交流もない。

　ある日、児童相談所から保育園に連絡があった。前の日の夜、一人で歩いていたゆかりちゃんを警察が保護した、という内容であった。母親が精神疾患のための薬を飲んで眠ってしまい、その間にゆかりちゃんが一人で鍵を開けて出て行ってしまったということであった。ゆかりちゃんはお腹がすいてコンビニ

にお菓子を買いに行こうと思ったようだ。

‥‥‥‥‥‥‥‥‥‥‥‥‥‥‥‥‥‥‥‥‥‥‥‥‥‥‥‥‥‥‥‥‥‥

・ゆかりちゃんにどのような援助をしますか。

・ゆかりちゃんの家庭はどのような課題を抱えているでしょうか。また、
　保育者としてどのような援助を行いますか。

<u>work</u>
_____

　生活上の課題が深刻な家庭では子どもの養育に影響が及びやすい。家庭でできないケアを保育者が代わって行うことは、子どもが心身ともに健やかに育つ権利を保障するために必要である。子どもにとって心地よく、安定した環境があるということは安心して生きることにつながり、乳幼児期における適切な生活習慣の経験は子どもが成長したときに自らの力となる。なお、保育所等でケアを行う際は、他の子どもに影響が出ないようにさりげなく行うなど、子どもの立場に立って配慮することも忘れないようにしたい。

　家庭でできないケアを代わって保育者が行うときに意識しなければいけないのは、決して子育ての肩代わりをしているのではない、ということである。子どもの養育について第一義的な責任を担っているのは保護者であり、「子どもにとっての最善」を選択するのは保護者自身である。保育者は、保護者が困難のなかで失いかけている養育力を強めるために支えているのだ、という認識をもつことである。

　さまざまな生活上の課題が累積すると子どもにとって安心できる生活の場が失われ、それが児童虐待に発展する可能性もある。この場合、保育所等だけで解決することは難しく、他の専門機関と連携して支援を行っていくことが求められる。保育所等は、保護者との関係性がすでに築かれていること、子どもと保護者の様子について保育の営みを通して最も身近なところで把握できる立場にあること、そして、地域の関係機関や住民とのネットワークのなかに存在している施設であること、といった特性を生かして関係機関と連携して保護者を支えていくという

▲

意識をもつ。

　同時に、保護者に対しては決して否定せず、ありのままを受け止め、困難な状況を理解しようとする姿勢が大切である。非難したり、あれもこれもしてください、などと多くの課題を要求したりすると、保護者が心を閉ざしてしまう恐れがある。今あるつながりを保って何よりも保護者の言葉や思いに耳を傾けることを重視する。保育者は、子どもの気持ちを理解できるという固有の専門性をもち、それを生かして相手の話を聴き、思いを受け止めることができる専門職である。保護者にとって保育所は最も身近な相談機関であり、拠り所である。そこに受け入れてもらったということは、保護者がこれからも「あの時社会に受け入れてもらったから、もう一度社会を信じてみよう」と生きる力を得ることにつながる。

　解決することは簡単ではなく、時間をかけなければ解決できない場合もある。しかし、保護者を支えるために最善を尽くすことは子どものために最善を尽くすことと同義であり、保護者に対する支えがわが子を育てる力となって、やがて子どもの利益にかえっていくという子育て支援の意義を忘れてはならない。

注

＊1　幼保連携型認定こども園：認可幼稚園と認可保育所が連携して、一体的な運営を行うことにより、幼稚園的機能と保育所的機能の両方の機能を併せもつ単一の施設として、認定こども園としての機能を果たす施設。

＊2　幼稚園型認定こども園：認可幼稚園が、保育が必要な子どものための保育時間を確保するなど、保育所的な機能を備えて認定こども園としての機能を果たす施設。

＊3　特定地域型保育事業：「子ども・子育て支援新制度」によって始められた、大都市部の待機児童対策や児童人口減少地域の保育基盤維持など、地域における多様な保育ニーズにきめ細かく対応するための制度。利用定員が6人以上19人以下の「小規模保育」、利用定員が5人以下である「家庭的保育」、保育を必要とする子どもの居宅で行う「居宅訪問型保育」、主に事業所の従業員の子どもの他、地域の保育を必要とする子どもを預かる「事業所内保育」などが位置付けられる。

＊4　児童の権利に関する条約：国際連合が1989年11月20日に採択し、翌年9月に発効した、18歳未満の児童が有する権利について包括的に規定した総合的条約。前文と54か条から成る。

引用文献

1　『社会福祉六法 2017』ミネルヴァ書房、2017、p. 426
2　厚生労働省編『保育所保育指針解説書』フレーベル館、2018、p. 329

3 『社会福祉六法2017』ミネルヴァ書房、2017、p. 290

4 厚生労働省編『保育所保育指針解説書』フレーベル館、2018、p. 330

参考文献・資料

秋田喜代美・那須信樹編（秋田喜代美・馬場耕一郎監修）『保育士等キャリアアップ研修テキスト7マネジメント』中央法規出版、2018

小口尚子・福岡鮎美『子どもによる子どものための「子どもの権利条約」』小学館、1996

掛札逸美・加藤絵美『「保護者のシグナル」観る聴く応える保育者のためのコミュニケーション・スキル』ぎょうせい、2019

金子恵美編著『保護者支援・子育て支援埼玉県保育士等キャリアアップ研修』埼玉県福祉部少子政策課、2018

金子恵美編（金子恵美・小沼肇・岡田早苗著）『マネジメント埼玉県保育士等キャリアアップ研修』埼玉県福祉部少子政策課、2017

厚生労働省編『保育所保育指針解説』フレーベル館、2018

『社会福祉六法2017』ミネルヴァ書房、2017

社団法人日本社会福祉会編『新社会福祉援助の共通基盤第2版（上）』中央法規出版、2010

髙橋貴志編（髙橋貴志・岡田早苗・都留和光・小山千幸・目良秋子・杉山裕子著）『保育者がおこなう保護者支援──子育て支援の現場から』福村出版、2014

森上史朗・柏女霊峰編『保育用語辞典第6版』ミネルヴァ書房、2011

谷田貝公昭編『新版・保育用語辞典』一藝社、2016

矢萩恭子編（秋田喜代美・馬場耕一郎監修）『保育士等キャリアアップ研修テキスト6保護者支援・子育て支援』中央法規出版、2018

山縣文治・柏女霊峰編『社会福祉用語辞典第7版』ミネルヴァ書房、2009

https://www.mhlw.go.jp/content/11907000/000544879.pdf（2021年7月1日閲覧）

https://www.mhlw.go.jp/wp/hakusho/kousei/15/dl/1-01.pdf（2021年4月1日閲覧）

www.metro.tokyo.lg.jp/tosei/hodohappyo/press/2018/02/14/documents/12_02.pdf（2021年7月1日閲覧）

https://www8.cao.go.jp/youth/whitepaper/h20honpenhtml/html/toku_2_3.html（2021年7月1日閲覧）

https://potect-a.com/utillization/johari_window/（2021年7月1日閲覧）

https://www.mhlw.go.jp/bunya/kodomo/hoiku02/pdf/pamph.pdf（2021年7月1日閲覧）

https://www8.cao.go.jp/shoushi/kodomoen/gaiyou.html（2021年7月1日閲覧）

https://www8.cao.go.jp/shoushi/shinseido/meeting/kodomo_kosodate/k_10/pdf/s1.pdf（2021年7月1日閲覧）

1-2

日常的・継続的なかかわりを通じた保護者との相互理解と信頼関係の形成

 保護者との相互理解

（1）保護者との関係性を深めるために

「保育所保育指針／第4章　子育て支援／2-（1）保護者との相互理解」には、「ア　日常の保育に関連したさまざまな機会を活用し子どもの日々の様子の伝達や収集、保育所保育の意図の説明などを通じて、保護者との相互理解を図るよう努めること。」[1]とある。保育所等は、家庭生活との連続性のなかで保護者とのかかわりが日々の保育のなかに存在している場であり、子育て支援はこの特性を生かして行われる。例えば、日々の送迎時は家庭から保育所等へ、また保育所等から家庭へ、というそれぞれの生活への"橋渡し"の時間である。また、連絡ノートなどの記録は、家庭での子どもの姿と保育所等での集団における子どもの姿について共有がなされるものである。こうしたさまざまな機会を子育て支援に活用するためには、保育者と保護者の相互理解が必要不可欠である。

　保育者は保護者の話を聞き、受け止めることでその状況や思いを理解する。そして、保護者に対して保育所等が行っている保育や理念などについて説明することで保護者の理解を得るように努める。このように、保育所等と保護者が相互に理解し合うことで関係性がより深まっていくのである。「保育所保育指針解説」では、そのために求められるものとして「①保育士等が保護者の置かれている状況を把握し、思いを受け止めること」「②保護者が保育所における保育の意図を理解できるように説明すること」「③保護者の疑問や要望には対話を通して誠実に対応すること」「④保育士等と保護者の間で子どもに関する情報の交換を細やかに行うこと」「⑤子どもへの愛情や成長を喜ぶ気持ちを伝え合うこと」をあげている[1]。

　これらの働きかけの基盤となるのは何であろうか。「保育所保育指針解説」が

掲げている事項一つ一つについて考えていきたい。

　「①保護者の状況や思いを受け止める」ということの基本は、保護者を否定せずにありのままを受け止める、ということである。相手と一緒に喜び、相手の苦しみに心を寄せる。「②理解できるように説明する」ためには相手が何を知りたいのか理解できなければならない。「③疑問や要望に対して誠実に対応する」には、保護者が何を疑問に感じ何を求めているのか、その本質を捉え、まっすぐ丁寧に向き合う姿勢が必要である。「④子どもに関する細やかな情報交換」の必要性については、子どもを預けていることで日中の子どもの様子が見られないという保護者の立場に立てば理解できることであろう。そして、「⑤子どもへの愛情や成長を喜ぶ気持ちを伝え合う」人が身近にいるというのは保護者にとって大きな支えである。つまり、これらの働きかけの基盤となっているのは、「他者への理解」である。他者の置かれている状況、思い、何を求めているのか、何に不安を感じているのか、といったことに対する理解が基盤である。しかし、どうしても人間は自身の価値観などを基準にして相手を捉えてしまいがちである。それは正しい「他者への理解」を妨げることとなり、保護者との真の相互理解や信頼関係の構築にはつながらない。したがって「他者への理解」の前に、「相手と向き合う自分はどうなのか」という「自己への理解」が必要となってくる。

（2）自己理解・自己覚知の必要性

ワーク
7

「自己理解」ジョハリの窓

　自分が知っている「自分」と他人が知っている「自分」の一致・不一致を「四つの窓」に分類することで自己理解のずれに気づく手法である。また、ずれを一致させていくことで他人とのコミュニケーションを円滑にできるとされる。

1．4～8人程度のグループをつくる。

2．メンバーそれぞれが、人数分の紙、実施シート（次頁図9）を用意する。

3．自分の性格だと思う要素を「性質や資質①～⑲」（次頁表2）から複数選び、その番号を紙に書き出す。

4．相手の性格だと思う要素の番号を3.と同様に複数選び、別の紙に書き出し、その相手に渡す。

5．4.をグループのメンバー全員分行う。全員書き終えると、手元に自分とその他のメンバーからの紙が揃う。

図9　ジョハリの窓

(A) 開放の窓	(B) 盲点の窓
(C) 秘密の窓	(D) 未知の窓

(A)「開放の窓」：自分も他人も知っている自己
(B)「盲点の窓」：自分は気が付いていないが、他人は知っている自己
(C)「秘密の窓」：自分は知っているが、他人は気づいていない自己
(D)「未知の窓」：誰からもまだ知られていない自己

表2　性質や資質

① 頭がよい	② 発想力がある	③ 段取り力がある
④ 向上心がある	⑤ 行動力がある	⑥ 表情が豊か
⑦ 話し上手	⑧ 聞き上手	⑨ 親切
⑩ リーダー気質がある	⑪ 空気が読める	⑫ 情報通
⑬ 根性がある	⑭ 責任感がある	⑮ プライドが高い
⑯ 自信家	⑰ 頑固	⑱ 真面目
⑲ 慎重		

6．自分が書いた性質や資質の要素の番号と、相手が書いた番号が重なっている場合、その番号を「(A) 開放の窓」に書く。

7．相手が書いて、自分が書いていない番号を「(B) 盲点の窓」に書く。

8．自分が書いて、相手が書いていない番号を「(C) 秘密の窓」に書く。

9．誰も書いていない番号を「(D) 未知の窓」に書く。

10．結果を確認して、自分と他人の認識の違いを捉える。

グループで、自身について気づいたことを話し合う。

work

　自分自身を理解し、「自分はこういうタイプの人間だ」「こうした考えをもっている」と認識した上で人と向き合うことは、相手のありのままを理解することにつながる。しかし、自分の考え方の傾向を認識しないまま向き合った場合、無意識に自らの考えを相手に投影してしまうことがある。例えば、ある保護者に対し

「あのお母さんは、いつもお迎えのときに子どもに声もかけないし、笑いかけてあげることもない。もっと優しく接してあげたらいいのに」と感じていたとする。しかし、それは個人の保育者が思い描く「理想の保護者像」を通した捉え方である。「親は、一日頑張った子どもを笑顔で受け止めてあげるべき」という考えを自分がもっているということを認識しなければ、この保護者について真に理解しようとすることはできない。ありのままを受け止めて理解することが支援者としての他者理解である。それがあってはじめて保護者との相互理解が可能となり、信頼関係の構築へとつながる。自己理解・自己覚知は、保護者との信頼関係を築くために、そして保育者が支援者としてその専門性を向上させるために不可欠なものである。

 保護者との信頼関係

（1）支援者に求められるコミュニケーション・スキル

　自分のありのままを受け止め、理解してくれる保育者であるからこそ、保護者には「話してみよう」という気持ちが生まれる。保護者との対話による信頼関係の構築においても、保育者は自己を理解し、人とのかかわり方について自ら確認

しておくことが重要である。その上で必要なコミュニケーション・スキルを意識して対話し、相互理解を深めて信頼関係を築いていくことが求められる。

コミュニケーション・スキルとして重要なものの一つは「ノンバーバルコミュニケーション（非言語的コミュニケーション）」である。表情や態度など言葉以外で相手に伝わるものは大きい。そのため、保護者と対話するときは顔と顔を合わせて直接伝えることが重要なのである。その際、自分自身の持ち味を生かしたり、感情をコントロールしたり、といったコミュニケーション・スキルを身に付けるためには自分自身を知ること、自己理解が大切である。例えば自分はあまり表情に出せないタイプであると認識しているのであれば、表情豊かに相手と話すように努めることなども必要であろう。

また、支援者のコミュニケーション・スキルとして、相手の言葉を待つ、心情を察してそのトーンに合わせる、じっくり話を聞く、といった姿勢も求められる。自分は話すタイプの人間だ、という認識があれば、自らを抑え、相手が話し始めるのを待ち、敏感に相手の気持ちを察して波長を合わせ、より多く相手の話に耳を傾けるといった意識をもつことが大切である。

（2）バイスティックの7原則

ここに、アメリカのケースワーカーで社会福祉学者のバイスティック（Biestek, F. P.）が提唱した援助技術である「バイスティックの7原則」を示す。「バイスティックの7原則」とは、ケースワーカーが援助活動を円滑に進めていくにあたって必要とされるクライエントとの関係性のあり方として最も基本的な原則を示したものである。ケースワークの原則は保育所等における子育て支援と関係がないと思われるかもしれない。しかし、保育や子育て支援の営みは、子どもや保護者自身の変容を促すのではなく、本人の話に耳を傾けて気持ちを受け止め、周りの環境に働きかけることで本人がもつ力を引き出そうとするものであり、「ケースワーク」そのものであると言える。保育所等の特性や保育におけるあらゆる機会を生かして保護者との対話のなかで信頼関係を築いていくにあたり、この「バイスティックの7原則」は子育て支援においても重視すべき対人援助の原則である。

「受容」

保護者の話を傾聴し、直面する問題やそうせざるを得なかった状況を表面的に捉えるのではなく、保護者の強さや弱さ、感情や態度、行動などを含め、現在のありのままの姿を受け止めることである。保護者は、ありのままに受け

「ありのままを受け止める」

止められることによって安心感をもち始め、自己防衛を解いて問題に現実的に向き合うことができるようになる。「受容」は、保護者と共に問題解決を図るための信頼関係を構築する上で非常に重要である。

「非審判的態度」

保育者が自分の価値観や倫理的判断によって保護者の行動や態度を批判したり、問題の原因について「あなたが悪い」などと審判や非難をしないことである。問題を抱えている保護者は、非難されることへの恐れや問題についての罪悪感を抱いていることが多い。一方的に非難をしない保育者の態度を見て、保護者はありのままを語り、何をするべきか考え始めることができるようになる。「非審判的態度」には保育者の自己理解・自己覚知が不可欠である。

審判や非難をしない

「自己決定の支援」

保護者に説明したり共に考えたりすることにより、保護者自身が自らの問題やニーズについて明確に見通しをもって見ることができるように支える。保護者自身の意思と力を信頼し、それによって保護者が自ら行うことを決定し、行動できるように寄り添って側面から援助する。保護者は、自分の人生に関する選択や決定を自ら行いたいという思いをもっている。その思いを尊重しながらより良い自己決定ができるような環境を整えていく。

共に考え、自己決定を支える

「個別化」

人は誰でも一人の人間として大切にされたいという思いをもっている。保護者一人ひとりを個人として認め、その状況や問題についての語りを傾聴することで保護者の視点から一緒に振り返り、きめ細かな配慮をしたり保護者自身の力が発揮できるように援助をすることである。一人の人として尊重し、認め、理解しているという姿勢が相手に伝わることによって保護者自身が価値をもった大切な存在であることを確認でき、問題を自ら解決する力が生まれる。

一人ひとりを個人として認める

「意図的な感情表出」

保護者が、自分の考えや不安や悩みなどの否定的な感情、あるいは子どもへの

相手の感情に寄り添う

愛情や成長を喜ぶ感情など自由に表現し、それを保育者と分かち合うことを大切にするものである。保護者にとっては、たとえ否定的な感情を表現してもそれを保育者が受け入れてくれる、という体験の積み重ねによって保育者への安心感が生まれるものであり、保育者にとっては、問題に対して保護者がどのように感じていたのかを知る手がかりにもなるものである。

「統制された情緒的関与」

保護者の感情に巻き込まれることなく、意図的かつ適切な反応をすることである。保育者は保護者が表現した感情を受け止め、話に耳を傾けてその意味を深く理解することが必要である。共感と同時に、保育者自身の内面に生じている反応を自覚して客観的に状況を判断するという、二つの視点が求められる。

相手の感情に巻き込まれない

「秘密保持」

保護者の情報についてその秘密を守り、他者に漏らさないことである。保護者のプライバシーが守られるということは、個人の基本的な権利であり、秘密保持は、倫理上においても、援助の効果を高めるためにも重要なことである。情報収集は援助を行う上で必要な情報のみとし、やむを得ず、専門職業的な理由により情報を人に開示しなければならない場合には、本人の同意を得る必要がある。この原則は専門職としての倫理であり、保護者との信頼関係においても不可欠である。

情報について他者に漏らさない

保護者との信頼関係を築くにあたって大切なのは、あなたという人を尊重していますという「敬意」、思いを理解して受け止めそれに寄り添う「温かさ」、あなたの気持ちがわかりますという「共感」、無関心ではないという「誠実さ」、そして共に問題を解決したいという「思い」や「願い」が伝わることである。あなたの子どもを、あなたのことを大切に思っています、という保育者の思いが一人ひとりの保護者に伝わることによって信頼関係が結ばれていくのである。

work

「ロールプレイ」

　　ロールプレイとは、役割演技法のことである。現実の自分とは異なる
　役割を演じ、その立場になることで気持ちを感じて人間理解を深める。
　自分を開放して自由に演じることが大切である。

「保護者の相談に対してどのように応えるか」

　　①保育者役と保護者役、ロールプレイを見てコメントする役を決める。
　　②保護者の相談についての事例を一つ決める（例：子どもがいうことをき
　　　いてくれない、夫が子育てに非協力的だ、ひとり親で子育てがつらい、な
　　　ど、できるだけ具体的な問題を設定する）。
　　③決めた事例について、相談する保護者役と相談を聞く保育者役でロー
　　　ルプレイを行う。
　　④終わったら、保護者役と保育者役はそれぞれ演じた気持ちを述べ、コ
　　　メンテーターは見て感じたことを述べる。

work

　　相談に対して保育者は、話したい気持ちを抑えて保護者の話を聞くことに徹す
る。話を聞く際には相手に波長を合わせ、適切な相づちと相手の思いを言葉にし
てフィードバックすることを通して保護者の“語り”に耳を傾ける。相談者は語
ることによって自らの気持ちや経緯を整理できるからである。聞く者は相手の気
持ちに共感し、努力を認める姿勢を示すことが大切である。

3　日常的なかかわりの積み重ねの重要性

　　保育所等における子育て支援は、その特性や日常の保育に関連したあらゆる機
会を生かして行うものである。保育所等の特性としては、専門性を有する職員が
保護者の身近に存在している施設であるということ、家庭生活と保育所等での生
活との連続性のなかにあるということ、常に子どもが存在し、子どもと保育者、
保護者が相互に関係性を築く中で保育が営まれていること、などがあげられる。
また子育て支援の機会としては、連絡帳、保護者へのおたより、送迎時の対話、
保育参観や保育参加、行事、入園前の見学、個人面談、保護者会等がある。こう
した施設のもつ特性やさまざまな機会を活用して子育て支援に結び付けていくた
めには、保育者と保護者との日常的なやりとりの積み重ねと、保護者へのかかわ
りのあり方が重要となる。

（1）保護者との信頼関係を築く土台をつくる

「知ってもらうこと」　〜入園前の見学〜

　人との関係性を築く第一歩は相手を知り、自分を知ってもらうことであろう。
　保護者がその施設を知る過程の一つに入園前の見学があげられる。保護者がそれぞれの保育所等について知る機会であり、保育所等にとってはその施設の環境や保育について知ってもらう機会である。保護者はわが子を預ける場所がどのようなところなのか、どのような人が子どもを保育してくれるのか、ということに関する疑問や不安も感じていると思われる。保護者の安心のためには、情報をきちんとわかりやすく説明できるプレゼンテーション能力が必要となる。また、相手が知りたいと思うことに対して適切に答えることも重要である。保護者が知りたい事柄、疑問や不安を感じている点は一人ひとり異なる。一方的に保育者からの説明で終わるのではなく、保護者の話に耳を傾け、何について知りたいのか、疑問や不安に思っていることは何なのか、しっかりと捉えることが大切である。さらに、保護者の疑問や不安に対して否定せずに受け止めて理解を示す姿勢も忘れないでおきたい。訪れた保護者が見学する前よりも温かい気持ちで帰れるように、ノンバーバルコミュニケーションを意識して対話することも必要となる。

「知ってもらうこと」　〜担当者が変わるとき〜

　保育所等をすでに利用していても、保護者が「保育者について知りたい」と思うとき、あるいは保育者が「私たちについて知ってもらいたい」と思うときがある。例えば新年度を迎えてクラスや担任が変わるときである。保護者は「一年間、誰が子どもの保育をしてくれるのだろう」「どんなふうに保育を行うのだろう」という情報について知りたいと思っている。また多少の不安を感じているかもしれない。保育者が保護者に対し、これから関係性を築いていきたいという思いを伝えるためには、まず保護者と直接顔を合わせた対話を積み重ねていくことである。毎日の送迎時などさまざまな機会において、ただ挨拶をするだけではなく保育や子どもの姿など一つでも付け加えることで、保護者にとっては「こんなふうに一日を過ごしているのか」「こんなに子どものことをよく見てくれている」といった安心感と信頼感を得ることにつながっていく。保護者との関係性が築かれた後も、引き続きこうした働きかけを続け、保護者の知りたいことについて丁寧に説明を行っていくことを意識する。関係性は築かれることが最終目標なのではなく、深め続けるものだからである。
　以下は、ある保育園の園長が就任してから保護者との関係性を築くために行った取り組みの事例である。

　すべての保護者と話をしよう ・・・・・・・・・・・・・・・・・・・・・・・・・・・

　園長に就任したのは8月で年度の途中だった。4月であれば全保護者を対象とした懇談会で就任の挨拶ができたのだが、その機会がなかった。園だよりでお知らせをしたものの、直接挨拶できないことが気にかかっていた。

　保護者からも年度途中で新しく就任した園長に不安を感じていることが伝わってきた。子どもが保育園で転んで怪我をしたことを電話で伝えると「仕事の途中でたびたび呼び出されても困る。電話連絡の基準はどうなっているのか」と聞かれたり、保護者に対する伝達ミスがあれば「職員によって答えが違う。連絡体制はできているのか」と回答を求められたり、ということが重なった。いずれも園側のミスであることは確かだが、問題はそこだけではない、別のところにもあるような気がした。"やはり、新しい園長についてよく知らない、という不安があるのではないだろうか……"

　園長は保護者に知ってもらうために、一人ひとりと挨拶をすることが必要だと考えた。"そうだ、今度の作品展のときに来てくれた保護者全員に声をかけよう"——。作品展は担任の保育者が子どもたちの作品について説明をするので、園長が直接、保護者と話す必要性はないのだが、すべての保護者に挨拶をして回り、ひと言でも会話を付け加えるようにしていった。そうするとこれまで自分のなかにも保護者との間に無意識に距離をつくっていたことに気づいた。

　以降、心がけているのは作品展以外の行事のときにもできるだけ多くの保護者に声をかけること、送迎時に顔を合わせた保護者とは挨拶だけでなく、ひと言会話を添えることである。この取り組みを続けてきて、園長の存在を知ってもらえた、関係性をつくることができた、と感じている。

・・・

子どもと保育者との信頼関係

　保護者が保育者と関係性を築くためには保育者への信頼が鍵となる。信頼できる相手だからこそ、関係性を築こうと思えるのであって、信頼できない相手とかかわり合いをもちたいとは思わないであろう。保護者が保育者に対して「信頼できる」と感じるには、保育者としての人間性、倫理観といった資質が求められるが、「わが子が先生のことをどう思っているか」という点も重要である。子どもが「せんせい、だいすき」と話し、本当に慕う様子が見られることは保護者にとって大きな安心である。保護者は子どもを預けている間、わが子がどのように過ごしているか見ることができない。そうした状況のなかで子どもが保育者を信頼し、望ましい関係性で結ばれているということは、保護者が保育者を信頼し、関係性を築く土台となる上でとても重要である。

（2）保護者との関係性を深める

日常的なやりとり

　日々の保育の営みのなかには送迎時など保護者との直接的な対話や連絡ノートなどのやりとりがある。こうした対話ややりとりを保護者との信頼関係構築のためにどのように生かしていけばよいのだろうか。

　保育者は保育を通して集団における子どものさまざまな姿やエピソードを捉えている。一方、保護者はこうした姿を目にすることはできない。日常的に子どもの姿を捉えられるということは保育者がもつ大きな強みの一つであり、保護者との信頼関係を深めていく上で重要な役割を果たすものである。保護者は保育における子どものほんの小さな一瞬を伝えてもらうことで、「しっかり見てくれている」という安心感を得る。また、日頃家庭にいるわが子の姿しか見られない保護者が集団での様子を聞くことにより新たな視点が生まれ、見えてこなかった育ちの姿への気づきとなるかもしれない。そのためには、その日の出来事について単に「何をしたか」といった活動の内容だけではなく、一つでも具体的な姿を伝えることが大切である。したがって保育者には、集団における一人ひとりの子どもの育ちの姿や輝く一瞬を捉える“目”が求められる。さらに保護者が知りたいと思っているのはどんなことか、わが子に対してどのような育ちへの思いや愛情を抱いているのか、理解する力が必要であろう。保育者が子どもへの働きかけや遊びと共にそこで捉えた子どもの姿を伝えることは、保育者と保護者とが育ちの喜びや感動を共有しながら、保護者に「子どもにとっての最善」を共に考えることを促すものでもある。

保護者の相談に対して

　子育ての相談は、いつも保護者から明確なかたちで示されるものとは限らない。日常的なやりとりのなかで保護者が感じている悩みやニーズを察知しなければならない場合もある。いずれにおいても第一に大切なのは、保護者の話を聴くということ（傾聴）である。保護者は話すことによって自らが感じている本当の悩みやニーズを表現できるようになる。保育者はその思いを受け止めて共に考えていく、という姿勢を示すことが必要である。共に考える際、決して保育者がその保護者や子どもに対して感じている課題を伝えることから始めてはいけない。そこから始めてしまうと、保護者は「非難された」「自分の子育てに課題を出された」と感じてしまう可能性がある。

　相談している保護者は何らかの“弱み”を心に抱えているものである。保育者は保護者に、自分を信頼してその“弱み”を話してくれたことへ感謝の言葉を伝える。そして、保護者の「わが子を大切に思う気持ち」を捉えてフィードバック

することで、保護者が抱いていた"弱み"は薄らいでいく。保育者は保護者の相談を聴く際、その最も弱いところにかかわっているという意識を忘れてはならない。

　保護者から子育ての助言を求められたときには、一人ひとりに合わせてできることを小さなものから一つずつ伝える。保育者はさまざまなケースに合わせた保育の技術を多くもっていることが強みの一つである。しかし、「あれもこれもやってください」と一度に多くを要求すると保護者が追いつめられてしまう。悩みを抱えている保護者が一つひとつ達成感や認められる喜びを感じることを通して、自らの力を高めていけるように、エンパワーメントの視点で"スモールステップ"を意識した助言を行っていく。

（3）できることを一つひとつ

苦情、クレームに対して

　保護者との関係性は良好な側面ばかりとは限らず、ときに苦情やクレームといったかたちで表れることもある。原因はさまざまであるが、保育中の怪我や体調の変化などに関する連絡の不備、保護者への伝達の不備、保育者の不適切な言動などから苦情やクレームにつながることが多い。原因がはっきりしているケースもあるが、小さな出来事がきっかけとなって保護者の不満が蓄積し、苦情として表れる場合や、これといった原因がわからないというケースもある。

　いずれにおいても重要なのは、苦情やクレームの裏には必ず何かがある、と考えることである。保護者にとって保育所等は、子どもを預かってもらっている、保育者と毎日顔を合わせる、といったことなどから、苦情やクレームを伝えにくい環境であると言える。苦情、クレームについて「そんなことはない」と全面的に否定するのではなく、子どもを預けているという保護者の立場に立ち、「そういうこともあるかもしれない」という視点で原因を探ることが必要である。その上で、「こうしていきます」というメッセージを伝えていく。ただし、これらの対応は保育者個人で行うものではなく、園長、主任を含めた組織レベルで解決していくものであり、これは特定の保育者だけが矢面に立たないようにするためでもある。また、できないことは丁寧にはっきりと伝えることも重要である。対応は困難を伴い、時間も要するものであるが、子どもとあなたを大切に思っています、という姿勢を変わらずにもち続け、一つひとつ誠実に接していけばいつかきっと理解し合えると信じて向き合っていくことである。

心の扉が開くのを待つ

ワーク
9

work

事例8　コミュニケーションが苦手な保護者に対して ……………………

　転居のため、年度途中の6月から2歳児クラスに入園してきた、あきひろ君の母親は人間関係をつくるのが苦手なようで、担任が話しかけても目をそらしたままで「はい」などと返事をするだけであった。登園時は家庭での様子や体調について詳しく聞くことができず、お迎え時も保育園での姿を十分に伝えられないため、何とかコミュニケーションができるようにしたいと思う。

・・

　あきひろ君の母親にどのような働きかけをしていくか、グループで話し合ってみましょう。

work

　保護者のなかには保育者と関係性を築くのが苦手な人もいる。話しかけても言葉のやりとりができない、目を合わせてくれない、子どもを預けるときや帰るときもさっと行ってしまう、などの反応は、保育者にとってかかわるのが難しい"苦手な保護者"と感じられるかもしれない。しかし、ここで保育者が関係性をつくることをあきらめてしまっては、保護者は孤立したままである。保護者も一人ひとり性格や人生の歴史やおかれた状況、環境が違うということを理解し、心の扉が開くまで待ち続けることが大切である。日々の保育や行事、連絡ノートやおたよりなど、たくさんある機会のなかで保護者の心の扉が開くきっかけをつくり続けるのである。保護者の心の扉は無理に開けるものではない。保護者自身が「開けてみよう」と思ってはじめて開くものである。時間はかかっても、保護者との間には子どもの育ちを共に支えるという関係性がすでにできている。「決してあなたを見捨てない」というメッセージが保護者自ら扉を開ける瞬間につながる。

引用文献

1　厚生労働省編『保育所保育指針解説書』フレーベル館、2018、p. 333

1-3

保護者や家庭の抱える
支援のニーズへの気づきと
多面的な理解

 支援ニーズへの気づき

　現代を生きる子どもとその家庭を取り巻く社会は、どのような課題を抱えているのだろうか。以下3点について考えてみたい。

（1）児童虐待

　児童虐待とは、身体的虐待、性的虐待、ネグレクト、心理的虐待の四つに分類される。「平成30年度児童相談所での児童虐待相談対応件数〈速報値〉」[1]をもとに、それぞれが占める割合を見ていこう。

　身体的虐待とは、殴る、蹴る、投げ落とす、激しく揺さぶる、やけどを負わせる、溺れさせるなどを指す。2018（平成30）年度では2番目に多く、全体の25.2％を占めている。

　性的虐待とは、子どもへの性的行為、性的行為を見せる、ポルノグラフィの被写体にするなどを指す。最も少なく、全体の1.1％であるが、表に出ていないケースが多数あるのではないかと考えられる。

　ネグレクトとは、家に閉じ込める、食事を与えない、ひどく不潔にする、自動車の中に放置する、重い病気になっても病院に連れていかないなどを指す。近年、子どもを家に閉じ込めて親が長期間家に戻らず子どもが餓死する事件を耳にすることがあるが、全体の18.4％となっている。

　心理的虐待とは、言葉による脅し、無視、きょうだい間での差別的扱い、子どもの目の前で家族に対して暴力をふるう（DV）などを指す。2018年度、最も多く全体の56.3％、過半数を占めている。

　これらを合計すると、2019（令和元）年度中に全国215カ所の児童相談所が児童虐待相談として対応した件数は17万3780件で過去最多となっている。対前年度

比は121.2％、３万3942件増加している。増加要因としては、心理的虐待にかかわる相談対応件数が増加したこと、警察等からの通告が増加したことがあげられている。心理的虐待は、児童が同居する家庭における配偶者に対する暴力がある事案（面前DV）について、警察からの通告が増加したことがその要因となっている。

　また「子ども虐待対応の手引き」[2]によれば、虐待の影響は、虐待を受けていた期間、虐待の態様、子どもの年齢や性格によってさまざまであるが、身体的にも知的発達面にも心理的にも大きなダメージを与えるとされている。

　このように近年急増している児童虐待は、子どもの心身の成長及び人格の形成に重大な影響を与えるとともに、次の世代に引き継がれるおそれもある重大な権利侵害である。家庭内の問題ではなく、現代社会が抱える課題といえるだろう。

(2) 子どもの貧困

　「2019年国民生活基礎調査」[3]によると、子どもの貧困率（17歳以下）は13.5％となっている。子どもの７人に１人が貧困ということになる。「子どもがいる現役世帯」（世帯主が18歳以上65歳未満で子どもがいる世帯）の世帯員についてみると12.6％となっており、そのうち「大人が二人以上」の世帯員では10.7％であるのに対し、「大人が一人」の世帯員では48.1％と、特にひとり親家庭における貧困が顕著となっている。また生活意識別に世帯数の構成割合を見てみると、「大変苦しい」と「やや苦しい」が合わせて54.4％だが、「児童のいる世帯」では60.4％、「母子世帯」では86.7％となっている。つまりひとり親家庭、特に母子家庭において貧困が顕著になっていることがわかる。

　ひとり親家庭では、仕事と家事、育児を保護者一人で行わなければならないため、仕事が制限されたり、職に就けないこともある。特に母子家庭において、その母親の就業経験が少なかったり中断している場合や、雇用する側の母子家庭への理解不足等によって、就職が難しくなることがある。「平成28年度全国ひとり親世帯等調査結果報告」[4]によれば、調査時点における親の就業状況として、母子世帯の母は「正規の職員・従業員」が44.2％、「パート・アルバイト等」が43.8％と拮抗している。また仕事をしていても、母子家庭の平均収入は一般の家庭と比較して低い水準となっている。母子世帯の母自身の2015（平成27）年の平均年間収入は243万円、母自身の平均年間就労収入は200万円、母子世帯の平均年間収入は348万円となっている。離婚が原因のひとり親家庭では、養育費が支払われていないケースも多い。父子家庭における平均収入は低い水準となっていないものの、家事や育児において困難を抱えるケースが多い。母子家庭、父子家庭どちらの家庭にも適切な支援が不可欠である。

保護者はこのように日々の疲労とストレスを抱えながら、仕事と家事、育児の両立を強いられるが、それは子どもにも多大な影響を及ぼす。保護者が生活費のために遅くまで働く場合、子どもが一人で過ごす時間が増え家庭でのコミュニケーションが減少してしまう。また貧困ゆえに塾や習い事など学校以外で学習する機会が少ないケースもある。貧困が教育格差を生み、現代の日本では教育格差は大人になってからの経済格差、能力格差となる。これは富裕層と貧困層の二極化を生みかねず、社会的損失ともなる。一家庭の問題と捉えるのではなく社会の問題として捉えることが重要である。

（3）いじめ

　いじめとは、いじめ防止対策推進法第2条において「児童等に対して、当該児童等が在籍する学校に在籍している等当該児童等と一定の人的関係にある他の児童等が行う心理的又は物理的な影響を与える行為（インターネットを通じて行われるものを含む）であって、当該行為の対象となった児童等が心身の苦痛を感じているもの」とされている。そもそも1986（昭和61）年度においては「①自分より弱い者に対して一方的に、②身体的・心理的な攻撃を継続的に加え、③相手が深刻な苦痛を感じているものであって、学校としてその事実（関係児童生徒、いじめの内容等）を確認しているもの」とされていた。しかしいじめによる自殺や学校側の隠蔽など問題が深刻化するなかで、いじめの定義は変化していったのである。近年では犯罪行為として取り扱われるべきものや、児童生徒の生命、身体又は財産に重大な被害が生じるような行為も見られ、このような行為に対しては教育的な配慮や被害者の意向を配慮した上で、早期に警察に相談・通報し連携を取ることが必要であるとされている。

　「平成30年度　児童生徒の問題行動・不登校等生徒指導上の諸課題に関する調査結果について」[5]において、小・中・高等学校及び特別支援学校におけるいじめの認知件数は54万3933件であり、児童生徒1000人あたりの認知件数は40.9件である。いじめを認知した学校数は3万49件で、全学校数に占める割合は80.8％と高くなっている。これらのいじめの発見のきっかけは「アンケート調査など学校の取組により発見」が52.8％と最も多く、「本人からの訴え」は18.3％、「学級担任が発見」が10.6％と割合は低い。8割の学校でいじめがあるが、そのいじめが本人からの訴えで表沙汰になる割合は少ないことを考えると、実数はもっと多いように思われる。

　ではいじめは被害者の心身にどのような影響を及ぼすのだろうか。いじめは被害者の自尊心低下や活動意欲の低下、情緒不安を引き起こす。またいじめられないようにという思いから同調傾向が強くなり、他者評価に過敏になることもある。

それらの影響は大人になってからも続く場合があり、心身の不調として現れたり、人間関係の構築に影響を及ぼす。いじめ被害体験を前向きに捉え、他者を尊重できるようになったり、精神的な強さを身につけたり、進路選択に生かすなどのプラスの影響がみられることもあるが、それらはいじめ被害体験がなければ身につけられないものではない。

　子ども社会は大人の社会の縮図といわれる。自分の存在を否定され、簡単には消えない傷を残すいじめをなくすためには、いじめる子ども、いじめられる子どもの問題として捉えるのではなく、社会問題として我々一人ひとりが考えていくことが不可欠である。

　以上三つの課題を見てきたように、子どもとその家庭が抱える課題は多岐にわたっており、当事者だけの問題ではない。今はそれらの課題に直面していない家庭も、いつ当事者になってもおかしくない。自分たちで防ごうにも防ぐことが難しい課題ばかりである。また子育て中でなくてもこれらの課題をどう受け止めるかによって、当事者を救うこともあれば追いつめることもある。支援を必要とする家庭はどこにでもあるということ、「他人事」ではなく「自分事」であること、私たち一人ひとりの姿勢が課題解決に大きな影響を与えることを忘れてはならない。

 ## 支援ニーズの多様性

　現在、子育て家庭がもつ悩みや不安は多様化している。具体的に、地域子育て支援拠点における育児にかかわる相談内容の分析結果が**表3**の通り示されている。これは地域子育て支援拠点「のびやかスペース　あーち」において、相談員が対応した相談内容（2007〜2014年度の8年間分、総相談件数は2209、総相談内容数は4140）を整理・分析した結果である[6]。

　「子どもに関する相談」は64.3%、「親自身に関する相談」は35.7%と、相談内容は親自身のことよりも子どもに関する相談が多くなっている。また「上位カテゴリ『子どもに関する相談』のなかで最も相談内容数が多かった下位カテゴリ（全相談内容数の10%以上）は〔行動〕〔授乳・離乳食〕であり、上位カテゴリ『親自身に関する相談』のなかで最も相談内容数が多かった中位カテゴリ（全相談内容数の10%以上／下位カテゴリは『なし』）は【育児不安・負担・困難感】【子育て支援リソース】となってい」[7]る。そこから「どの保護者も『わが子が健康な状態にあること、心身の健全な発育・発達を遂げること、安定した情緒や行動を示すこと、言葉を介して楽しくコミュニケーションすることを心から願って』」おり、「そうした願いがあるからこそ、『それをうまく導けないかもしれない自分の側の課題を一日も早く解決したいという気持ちが強い』ことがみえて」[7]くるとしている。

「子どもに関する相談」2661件 (64.3%)			
【身体面】		〔発育〕	体重　身長　体格など
		〔発達〕	首のすわり　おすわり　はいはい　つかまり立ち　歩行など
		〔病気・予防〕	発熱　湿疹　アトピー　予防接種　乳幼児健診　歯磨きの方法など
【精神面・行動面】		〔ことば〕	言葉が遅い・出ない　吃音など
		〔行動〕	落ち着きがない　ものを投げる　友達を叩く・噛むなど
		〔情緒〕	すぐに泣く　大声を出す　後追いが激しい　怒りっぽいなど
		〔その他〕	極端な人見知り　こだわりなど
【発達障害（診断あり）】			診断名がついた子どもに関する相談すべて
【基本的生活習慣】		〔授乳・離乳食〕	授乳リズム　卒乳・断乳のタイミング　偏食
			離乳食を食べない　ムラ食い
			落ち着いて食べないなど
		〔睡眠〕	生活リズム　昼寝をしない　夜中に起きる
			寝つきが悪いなど
		〔排泄〕	便秘　下痢　トイレトレーニングなど
		〔その他〕	入浴　外出　衣服　ベビーカーの選択など
「親自身に関する相談」1479件 (35.7%)			
【家族関係・家族問題】			夫の態度　実母や義母との関係など
【育児方法・しつけなどの知識】			子どもの発達に関する理解・知識　第一次反抗期への対応　早期教育の是非　きょうだいに対する対応など
【育児不安・負担・困難感】			このままでよいのか不安　自分ひとりだけの育児（協力者がいない）　ストレスを強く感じる　イライラする　他の子どもと比較して焦るなど
【子育て支援リソース】			保育所　幼稚園　児童館　小児科　子育てサークルなど
【その他（母親の心身・社会的状況など）】			うつ状態　体調不良　就職・キャリアなど

表3　地域子育て支援拠点における育児にかかわる相談内容の分析結果（3　層カテゴリ）

出所：寺本ゆかの「レッスン3　子ども家庭支援における保育者の役割」倉石哲也・大竹智編著『子ども家庭支援』ミネルヴァ書房、2020、p.24をもとに作成

この拠点事業の利用者の多くは3歳未満の子どもの保護者であるとのことだが、学齢期においても下位カテゴリは変わるにせよ、子どもの精神面・行動面や基本的生活習慣を心配し、自分の子育てについてこのままでよいのか不安に思ったり、他の子どもと比較して焦るなど、中位カテゴリは当てはまると思われる。

　子どもを育てることは、喜びや楽しさと同じくらい不安や負担を伴う。乳児期には体が小さい・大きい、離乳食が進まない、歩くのが遅い、言葉が遅い、幼児期にはトイレトレーニングが進まない、食べ物の好き嫌いが多い、友達と遊べない、反抗期に手を焼いている、学齢期には成績が上がらない、宿題をやらない、生活リズムの乱れ、友人関係でのトラブル、異性との付き合い方等、保護者の心配は尽きることがない。現代は親自身きょうだいが少なく、子どもの頃に自分より小さい子どもの面倒を見た経験が乏しい。核家族や交流が少ない地域では、子育ての経験者である祖父母や近隣の人に気軽に相談することも難しい。経験は乏しいにもかかわらず、育児本やインターネットなど、情報はあふれている。「普通」「平均」にとらわれて、必要以上に不安になってしまいがちである。

　このような不安を抱えながら、保護者は仕事に家事、育児をこなさなければならない。子育ては自分の時間、体力を子どもに注ぐことである。共働き世帯であれば、子どもが寝た後に仕事や家事をこなすなど、日々時間に追われて生活せざるをえない。母親が専業主婦であれば、元気な子どもと日中過ごす体力と気力が必要になる。どれほど子どもがかわいくても、子育てには負担が伴うのである。

　子どもがいる家庭は、多かれ少なかれ以上のような子育てにおける不安や負担を抱えていると考えられる。しかし子どもと親の性格、価値観、考え方、周囲の理解や手助けがあるかどうかなどでそのニーズは変わってくる。例えば一人で子育てをする、いわゆる「ワンオペ育児」に疲れてしまったという悩みをもっている場合、父親である夫との話し合い、祖父母へ協力要請、一時保育等の社会資源の活用、同じ悩みを抱える母親どうしで愚痴を言える場の提供、母親へのカウンセリング等、同じ悩みでもその保護者が必要としているものは変わってくる。よって表面上の悩みを把握するだけでは不十分であり、子どもと保護者一人ひとりをしっかりと理解した上で、共に解決したいという姿勢が求められるのである。

３　支援ニーズの多面的理解

　前節で支援ニーズの多様性について述べたが、多様な支援ニーズを多面的に理解することも重要である。

　例えば児童虐待家庭に対する支援を考えるとき、その要因として虐待をされている子ども側の視点と虐待をしている保護者側の視点、両方をもつことが大切となる。子ども側の要因としては、障害や疾病があることで過剰な育児負担となっ

ていないか、寝ない、食べない、感覚過敏などの特性がないか、そもそも望まれた出生であったかなどがあげられる。保護者側の要因としては、保護者自身がどのような家庭に育ったのか、虐待の連鎖が起きていないか、就労や家計の状態、夫婦関係は良好か、保護者自身の心身の問題などがあげられる。さらに近隣の人との関係性、気軽に相談できる友人等相談相手がいるか、子育てを手伝ってくれる人や活用できる社会資源があるかなど、周囲の人々がその家庭が抱える問題に対してどれほど理解を示しているかも重大な要因となる。これらは単独で児童虐待を引き起こすよりも、複数が絡み合っていることが多く、虐待をしている当事者自身も支援者もその要因を突き止めることは容易ではない。

　また子どもの貧困に対しては、経済的な支援が主たるサポートとなるが、それで問題が解決するわけではない。現代の貧困は、子どもの教育機会を奪い、教育格差が子どもの将来的な経済格差につながるといわれている。つまり貧困の世代間連鎖が起こっているのである。そのためまずは経済的な支援として、社会保障の充実が求められるが、あわせて進学の道を開くために塾に行くことが難しい子どもに対して学習支援を行ったり、奨学金制度を充実させることも大切である。今、目の前にある貧困に対する支援だけでは貧困の連鎖は止められない。長期的かつ多面的な視点をもって支援することが大切である。

　いじめに対する支援を考えるならば、いじめられている子どもとその家庭に対する支援はもちろんのこと、いじめている子どもとその家庭にも支援することが必要となるだろう。いじめられている側には自分の気持ちを吐き出せる場を提供し、心理的サポートをする。いじめている側に対しては、なぜいじめをするのか探り、その要因に応じてサポートを提供する。親との関係や友人関係に問題を抱えているのならばその調整が必要となるであろうし、学業など忙しい毎日のストレスであれば身体的にも精神的にも休息をとることが必要であろう。中には家庭において暴力を受けているために、暴力をふるうことが解決手段であると学習していたり、貧困状態におかれているケースもある。その場合は家庭丸ごとを支援対象とする。

　またそもそも教室が子どもにとって居心地のいい場所になっているか、検討することも大切なことである。具体的には、先生など大人の目が届く環境になっているか、周囲の大人が「いじめられる方が悪い」という価値観をもっていないか、多様性を認める意識をもっているかなどである。いじめもその要因は一つではない。いじめられている側、いじめている側からのアプローチに加えて、環境面からアプローチすることも不可欠である。

　このように問題に対する要因を的確に把握しなければ、適切な支援とはなり得ない。だからこそ支援ニーズを多面的に分析、理解することが必要なのである。

4 支援ニーズを適切に理解するために

事例9 ．．

　田中さんは、専業主婦としてまりこちゃん（５歳・女児）とゆうすけくん（３歳・男児）を育てている。まりこちゃんは普段幼稚園に通っており、まりこちゃんが帰宅するまでの間、ゆうすけくんと２人で過ごしている。田中さんの夫は仕事が忙しく、平日は深夜の帰宅、休日は疲れて昼過ぎまで寝ていることが多い。夫は「男は仕事をしてお金を稼ぎ、女は家庭を守る」という考え方なので、家にいても家事や育児をすることはなく、田中さんが家庭のことを全て担っている。父親と一緒にいる時間が少ないからか、子どもたちもなついていないので、夫に相談しても意味がないと感じている。

　まりこちゃんはおとなしく聞き分けのいい子で、田中さんが教えることをスムーズに吸収していく子どもだった。着替えや食事などは幼稚園に入園する前に一人でできていたし、１週間のトレーニングでトイレもできるようになった。引っ込み思案で消極的なところが心配だったが、幼稚園に入園するとたくさんの友達ができ、現在も楽しく通園している。

　ゆうすけくんは首すわりやはいはい、お座り、つかまり立ちなどは他の子よりも早くできるようになり、歩き始めたのも１歳前であった。しかし歩き始めるようになると、つないでいる手をふりほどいて勝手に歩いて行ってしまい、少し目を離すと見失ってしまうこともしばしばあった。３歳になった今も、ゆうすけくんが大好きな犬を見かけると、手をふりほどいて走っていってしまう。

　また食事のときはお皿をスプーンでたたいたり、途中で立ち歩くなど食事に集中することができなかった。食べる物はご飯ばかりで、おかずにはほとんど手をつけない。好き嫌いの多さも田中さんを悩ませた。

　ゆうすけくんは同じ年齢の子どもに興味があるようだった。公園に同じ年くらいの子どもがいると、すぐに駆け寄って声をかける。そして最初は仲良く遊んでいるが、しばらくするとゆうすけくんが相手の子どもの頭を叩くなどの暴力をふるってしまい、泣かせてしまうことが多かった。そのためゆうすけくんと遊びに行く際、田中さんはゆうすけくんに寄り添い、何かあればすぐに制止できるように気を張っていなければならなかった。

　田中さんはどうゆうすけくんと接したらいいか悩んでおり、日中ゆうすけくんと二人きりで過ごすことに限界を感じ始めている。

．．

　田中さんは夫がいるものの、子育てを一人で担っており、ゆうすけくんの行動に手を焼いている。一つずつ確認していこう。

まず大好きな犬を見かけると走って行ってしまい、制止できない。そして食事のときも立ち歩きなどが見られ、落ち着きのなさがうかがえる。また食べ物の好き嫌いが多く、ご飯ばかり食べているようである。さらに何かのきっかけで知り合った友達に暴力をふるってしまうことが多々あるとのことである。

　これらに対して、まずはゆうすけくんがなぜこのような行動をとるのか、本人の気持ちを確認しなければならないだろう。ただ衝動的に走ったり、叩いたりしているのか、それともゆうすけくんなりの理由があってそうしているのか、理解することが大切である。衝動的な行動であれば繰り返し言い聞かせ、場合によっては専門家による療育が必要になるかもしれない。理由があるのであればその気持ちを受け止めた上で、それでもしてはいけない理由を根気強く教えていくことが必要だろう。

　またこれらの行動をするゆうすけくんと過ごすことに限界を感じ始めている田中さんへの支援も必要である。田中さんは一人で家事と育児を担っており、夫からの協力を得られない。そこで例えば一時保育を利用してゆうすけくんと離れる時間を確保できれば、のんびりと一人でリフレッシュすることができる。子育て支援センターや児童館などに親子で行き、ゆうすけくんの遊び場の確保と、田中さんのおしゃべりの時間を確保してもいいだろう。保育者など専門家に対応の仕方を相談することもできるし、同じ子育てをしている親と知り合うきっかけにもなりネットワークが広がる。

　さらに田中さん自身のストレス原因を掘り下げて考えることも必要である。ゆうすけくんの行動に加えて、仕事ばかりで家庭を顧みない夫に対して田中さんはどのような感情を抱いているのだろうか。もしもっとわかってほしい、話を聞いてほしい、相談したいなどの気持ちがあるのであれば、家族間の調整も必要となる。

　以上のように、支援のニーズを適切に理解するためには多様な視点から掘り下げて検討することが大切である。単にニーズに注目するだけではなく、その後ろにある感情にも思いを馳せることで支援ニーズを適切に理解することができる。そのためには、相手がどのように育ち、どのような考えをもち、どのように生きているのかを知る必要がある。相手を理解することが支援ニーズを理解するための第一歩である。

演習問題——他者理解

1．二人一組になってインタビューする人とされる人を決める。インタビューする人は、相手の人となりを他者に紹介できるよう、幅広い情報を集めよう。
　　例）出身地、趣味・特技、好きなもの、嫌いなもの、座右の銘、今まで一番うれしかったこと・悔しかったこと・悲しかったことなど

2．インタビューをもとに他己紹介する。

3．他己紹介の最後にインタビューをして受けた相手の印象、どんな人だと思ったかをコメントし、どんな子育てをしそうか予想しよう。
　　例）「Aさんは〇〇が好きな、××な方だと感じました。将来子どもに△△に接するお父さんになりそうです」

　インタビューから子育てを想像することで、育児は保護者がそれまで歩んできた人生、培った考え方、身につけた価値観、周囲の環境に多大な影響を受けていることが実感できるだろう。だからこそ育児の悩みは多様性に富んでおり、多面的に理解することが求められるのである。

引用文献・資料

1　厚生労働省「平成30年度児童相談所での児童虐待対応件数〈速報値〉」2019
2　厚生労働省「子ども虐待対応の手引き（平成25年8月改正版）」2013
3　厚生労働省「2019年国民生活基礎調査」2020
4　厚生労働省「平成28年度全国ひとり親世帯等調査結果報告」2017
5　文部科学省「平成30年度　児童生徒の問題行動・不登校等生徒指導上の諸課題に関する調査結果について」2019
6　寺村ゆかの「レッスン3　子ども家庭支援における保育者の役割」倉石哲也、大竹智編著『子ども家庭支援』ミネルヴァ書房、2020、p. 24
7　寺村ゆかの「レッスン3　子ども家庭支援における保育者の役割」倉石哲也、大竹智編著『子ども家庭支援』ミネルヴァ書房、2020、p. 25

参考文献

久保田真功「国内におけるいじめ研究の動向と課題——いじめに関する3つの問いに着目して」『子ども社会研究』vol. 18、日本子ども社会学会、2012、pp.53-66

1-4

子ども・保護者が多様な他者と
かかわる機会や場の提供

 「孤」育ての現状とその影響

まず現代の子ども・保護者の現状をデータで確認していこう。

（1）少子化

　少子化は合計特殊出生率で表される。合計特殊出生率とは、１人の女性が生涯に産む子どもの平均的な人数を指す。戦地からの復員が相次いだ第一次ベビーブームの1947（昭和22）年には4.54、第二次ベビーブームの1971（昭和46）年には2.16であったが、2005（平成17）年には史上最低の1.26にまで落ち込んだ。その後2006（平成18）年から上昇傾向が続いていたが、「平成30年（2018）人口動態統計（確定数）」[1]では1.42となっている。前年から0.01ポイント下がっており、３年連続低下している。

　日本の人口を将来にわたって維持するには2.07の出生率が必要と言われているが、届いていない。政府や地方自治体は保育所の整備、教育の無償化など少子化対策に力を入れているものの、実を結んでいない。

　少子化により、きょうだいや友達との遊びやけんかを通して社会性を身につける機会が減少している。大人数で外で遊ぶよりも、家の中で一人や少人数でゲームをするなど、遊びの内容も変化しており、コミュニケーションが苦手な子どもが増えている。

（2）核家族化

　「2019年国民生活基礎調査」[2]によれば、児童のいる世帯は1122万1000世帯で、全世帯の21.7％となっており、児童が１人いる世帯は525万世帯（全世帯の10.1％、

児童のいる世帯の46.8%)、2人いる世帯は452万3000世帯（全世帯の8.7%、児童のいる世帯の40.3%）となっている。世帯構造を見ると、「夫婦と未婚の子のみの世帯」つまり核家族世帯が852万8000世帯（児童のいる世帯の76.0%）で最も多く、次いで「三世代世帯」が148万8000世帯（同13.3%）となっている。

　今、子育てをしている世帯では、核家族世帯は三世代世帯の約6倍にもなっている。子どもたちは日常的に祖父母とかかわる機会が減少している。保護者にとっても身近な子育て経験者に気軽に相談することができず、インターネットに氾濫する育児情報に振り回されてしまうことも多い。またストレス発散や疲労回復のために少しの時間祖父母に子どもを預けるなど、子育ての手伝いを頼むことも難しくなり、ストレスを抱えたまま子どもと向き合わざるを得ない状況になってしまっている。

（3）共働き家庭の一般化

　「2019年国民生活基礎調査」[2]によれば、児童のいる世帯における母の仕事状況を見ると、「仕事あり」の割合は72.4%であり上昇傾向となっている。母の仕事の状況について、末子の年齢階級別に年次推移を見てみると、「正規の職員・従業員」「非正規の職員・従業員」ともに上昇傾向となっている。「仕事なし」の割合は、全ての年齢階級で低下している。

　共働き世帯は年々増加しており、1997（平成9）年に専業主婦世帯を上回った後、2012（平成24）年頃から急速に差が拡大していった。このような共働き家庭の増加は、子どもが育つ家庭環境を変えた。これまで家族が果たしてきた子育て機能を外部に求めることとなり、家族で過ごす時間は減っている。

　以上のように、子どもの減少、世帯員の減少、家族で過ごす時間の減少などにより、孤立しやすく人とのつながりが希薄になりやすい。特に親族の協力を得られず、近所との付き合いもなく孤立した中で子どもを育てている状態を「孤」育てという。特に父親よりも母親の方が「子育ては女性がするもの」という周囲や自分自身の考え方によって、「孤」育て状況に陥りやすい。

　「『平成28年社会生活基礎調査』の結果から～男性の育児・家事関連時間～」[3]によれば、6歳未満の子どもをもつ夫の家事の行動者率は上昇しているものの、夫と妻それぞれが家事、育児に費やす時間は大きな差がある。共働き世帯の妻は仕事等時間が4時間13分、家事関連時間6時間10分、うち育児時間2時間49分となっているが、共働き世帯の夫は仕事等時間が8時間44分、家事関連時間1時間24分、うち育児時間48分となっている。夫が有業で妻が無業の世帯でも、妻の家事関連時間が9時間25分、うち育児時間が4時間57分、夫の家事関連時間は1時間15分、うち育児時間45分となっており、妻の就労形態にかかわらず男性の家事、

育児に費やす時間は低調である。

　このような父親不在の子育ては、父親の意識や価値観のみに由来しているのではなく、長時間通勤や長時間労働、休日出勤など働き方の問題でもある。個人の意識の変化はもちろんのこと、社会が変わらなければ現状は変わらない。

　では「孤」育ては保護者にどのような影響を与えるのであろうか。

　一つ目に閉塞感を抱えることである。特に小さい子どもであれば意思疎通も難しく、自分がしたいこともできずに毎日が変化に乏しくなる。気軽にたわいない会話をする機会も減り、社会から取り残されたような気持ちになってしまうこともある。そうすると閉塞感は孤独感へとつながり、保護者は追い詰められることになる。

　二つ目に自分の時間をもてなくなってしまうことである。子どもがいると子どもを優先し、自分のことは後回しにしがちである。食事中でも子どもが泣けば中断してあやしたり、自分がどんなに疲れていても子どものご飯を準備しなければならない。たまには一人でのんびり買い物をしたいと思っても、「孤」育て家庭では難しい。だから子どもを連れて買い物に行けば、周囲の目を気にしながら、子どもを泣かせないようにというプレッシャーを感じる。自分の時間を確保することは難しい。それは保護者にとって大きなストレスとなり、弱い子どもにその矛先が向いてしまう。

　三つ目に子育てに対する意欲の低下である。どんなに自分の時間を削って尽力しても、子育ての成果はなかなか見えない。子育てが実を結ぶのは、子どもが巣立つときである。子どもの成長の喜びを誰かと共有したり、「頑張っているね」という言葉をかけてもらえれば、日々の努力が報われるかもしれない。しかし「孤」育て家庭ではその「誰か」が存在しない。社会からは保護者が子どもを育てることは「あたり前」と見なされ、できないならば「なぜ産んだのだ」と非難される。頑張っていることが評価されないと、虚しさや意欲の低下につながってしまうのである。

　「孤」育ては、自分のペースで子育てができる、他の人の言葉に惑わされることがない、子どもと密接な関係を作ることができるなど良い面もある。しかしながら子育ては誰にとっても楽なものではなく、長期にわたる。誰かと子育ての喜びを共有しながら、ときに愚痴を言い合い、子どもと共に成長できる環境を整えることが、子どもにとっても保護者にとっても大切ではないだろうか。

② 多様な他者とのかかわりの必要性

　「孤」育てによって保護者は自分の時間がもてず、閉塞感を抱え、子育ての意欲が低下してしまう。「孤」育ては保護者に多大なストレスを与え、そのストレ

スを発散することは難しい。保護者のストレスは「この子のせいで」「この子がいなければ」と、一番弱い子どもに向かい、結果児童虐待を引き起こしかねない。

児童虐待は子どもに対する最も重大な権利侵害である。「子ども虐待対応の手引き（平成25年8月改正版）」[4]によれば、児童虐待が子どもに与える影響として以下をあげている。

身体的影響としては、外から見てわかる傷（打撲、切創等）、外から見えない傷（鼓膜穿孔、頭蓋内出血等）、栄養障害、体重増加不良、低身長などがあげられる。愛情不足により成長ホルモンが抑えられ、成長不全を呈することもある。

知的発達面への影響としては、安心できない環境に置かれることで落ち着いて学習できない、ネグレクトにより登校がままならない場合がある。そのために知的な発達が十分に得られないことがある。また家庭内で知的発達に必要なやりとりがなかったり、逆に子どもの発達レベルにそぐわない過大な要求をすることで知的発達を阻害してしまうことがある。

心理的影響としては、以下の通りである。

① 対人関係の障害

愛着障害により特定の人と安定した良好な関係を継続することができなかったり、出会ったばかりの他者に対する距離感があまりに近かったりと、生きづらさを抱える。

② 低い自己評価

虐待の原因が自分にあると思ったり、愛情を受けるに値しない存在であると感じることで、自己評価が低下し、自己肯定感がもてなくなる。

③ 行動コントロールの問題

保護者から暴力を受けた子どもは、暴力で問題を解決することを学習し、攻撃的、衝動的な行動をとるようになる。

④ 多動

虐待により、子どもは刺激に対して過敏になり、落ち着きのない行動をとることがある。

⑤ 心的外傷後ストレス障害

トラウマは適切な治療をしないと、将来にわたって心的外傷後ストレス障害となり、思春期等に問題行動として出現することがある。

⑥ 偽成熟性

大人の顔色を見ながら生活することで、大人の欲求を先取りして行動するようになったり、精神的に不安定な保護者に代わり大人びた行動をとるようになる。よくできた子どもに見えるが、思春期等に問題を表出させることがある。

⑦ 精神的症状

記憶障害、意識が朦朧とした状態、離人感等、精神的に病的な症状を呈する。強い防衛機制として解離が出現すると、まれに解離性同一性障害に発展する場合もある。

このように児童虐待は長期にわたってさまざまなマイナスの影響を及ぼす。児童虐待をする親というと、子どもに愛情がないと考えてしまいがちであるが、愛情のあるなしは必ずしも関係ない。子どもを愛していたとしても、家庭内に閉じこもって、他者とのかかわりをもたずに子どもと四六時中向き合っていれば、児童虐待は誰しも起こしうる。夜、子どもの寝顔を見ながら「またやってしまった……」と後悔している親もたくさんいるのである。また、現代は少子化により、保護者自身が親になるまで子どもの世話をしたことがないケースが多い。経験したことがない子育てを、たった一人で24時間休みなく担っていれば、育児不安、育児ノイローゼに陥るのも無理はない。そこに保護者が気軽に相談できる人がいれば、愚痴を言い合える仲間がいれば、リフレッシュのために手を貸してくれる人がいれば、共に子どもの成長を喜んでくれる人がいれば、防げる児童虐待はたくさんあるのである。だからこそ「孤」育てに陥らないよう、保護者と子どもは多様な他者とかかわりながら成長することが重要なのである。

 ## 3 多様な他者とかかわる機会

前節では子育てをしている保護者とその子どもが、多様な他者とかかわることの重要性を述べてきた。では具体的に多様な他者とかかわる機会はどこにあるのだろうか。

（1）保育所

保育所は保護者が労働、病気などにより子どもの世話ができなくなった場合に子どもを預かる施設である。保育者は子どもを預かり支援する役割と考えがちであるが、日々子どもの成長を見ているからこそその保護者の悩みや不安を共有し、専門家の立場からアドバイスをすることもできる。また保育所に通園していない

家庭も、保護者の用事や育児疲れの解消、リフレッシュ目的で一時保育を利用することができる。いまだ待機児童の問題は解消されておらず、多様な働き方に対応する延長保育や休日保育、夜間保育をいかに推進していくか等課題も多いが、保育所が果たす役割はとても大きい。

（2）幼稚園

　広い園庭がある幼稚園や保育園では、地域の子育て家庭に向けて園庭開放を実施している所がある。安全な遊具で思い切り体を動かすことは、子どもの発達にとって重要である。子どもの遊び場が減ってきている地域も多く、伸び伸びと遊べる場は貴重である。幼稚園就園前の子どもを対象にしたプレ幼稚園も一般的になってきている。子どもにとっては就園に向けた準備期間になるし、保護者にとっては幼稚園に関する情報収集ができ、息抜きの時間にもなる。

（3）乳児院・児童養護施設

　乳児院・児童養護施設では、冠婚葬祭や急な保護者の入院、介護、育児疲れ解消のために子どもを短期間入所させることができる。一時的な避難先があることは、保護者にとって心強い。

（4）放課後児童健全育成事業

　放課後児童健全育成事業は、放課後、保護者が労働等で不在の子どもに遊びや生活の場を提供している。近年では児童が被害者になる事件が多くあることから、子どもを安全に適切に預けられる場は保護者にとってなくてはならないものである。しかしながら「小1の壁」と言われるように、小学校に入学すると預かり時間が短くなり保護者は働き方を変更せざるをえない課題もあり、保護者のニーズと子どもの健全な発達を両立するような放課後の場作りが重要となるであろう。

（5）ファミリー・サポート・センター事業

　相互援助活動であり、地域において育児や介護の援助を受けたい人と行いたい人が会員となり、育児や介護の助け合い活動に関する連絡、調整を行う事業である。保育施設等までの送迎や、放課後の預かり、保護者の病気、急用、冠婚葬祭、子どものきょうだいの学校行事への参加、買い物等の場合の預かり、病児・病後児預かりなど多岐にわたっている。助け合いの制度として、利用会員として、ま

た提供会員として活用できるところに特徴がある。

（6）児童相談所・保健所・市町村の相談窓口等

　児童相談所、保健所、市町村の相談窓口等の公的機関では、子育ての相談に対応したり、適切な専門機関を紹介するなどの支援を行っている。「虐待をしてしまいそう」といった切羽詰まった状況への対応はもちろん、体重が増えない、離乳食を食べない、しつけの仕方に自信がないなどの日々の悩みにも対応している。同じように児童家庭支援センターでも相談、助言、指導が行われている。

（7）地域子育て支援拠点事業

　地域で暮らす親子と地域の人々を結びつける活動である。具体的には、①子育て親子の交流の場の提供と交流の促進、②子育て等に関する相談・援助の実施、③地域の子育て関連情報の提供、④子育て及び子育て支援に関する講習会等の実施が基本４事業となっている。身近な場所で他者とつながることができ、相談相手に出会うことができることが大きなメリットである。

（8）利用者支援事業

　専門職員が保護者や妊産婦と一緒に考え、必要な正しい情報を提供し、利用できる適切なサービスや支援機関を紹介するとともに、関係機関との連絡調整、連携・協働の体制づくりを行っている。情報がありすぎることで自分に必要な情報がわかりづらい現代では、このような事業を活用することで悩みや不安が的確に解消されるであろう。

（9）乳児家庭全戸訪問事業

　（1）～（8）は保護者が出向いて利用するサービスであるが、自ら悩みや不安を解消するための行動を起こせない人もいる。悩みや不安を自覚していないケースもある。そのような他者とつながることが難しい人を掘り起こすことができるのが、乳児家庭全戸訪問事業である。乳児のいるすべての家庭を訪問し、不安や悩みを聞き、情報提供を行うとともに、必要に応じて適切なサービスを提供する。保護者の自宅に訪問することで、実際の養育環境や保護者の身体的・精神的な安定を確認することができるので、育児ノイローゼや児童虐待の早期発見が期待される。

（10）養育支援訪問事業

　乳児家庭全戸訪問事業や母子保健事業などにより養育支援が特に必要と判断した家庭に対して、保健師・助産師・保育士などが自宅を訪問し、指導、助言を行うのが養育支援訪問事業である。支援の必要な家庭を早期に発見し、虐待等の発生を未然に防ぐためのセーフティネットの役割を果たしている。

　以上のように、子どもとその保護者が他者とかかわる機会は多種多様に用意されている。それでも子育ての負担は保護者が一身に背負い、児童虐待は増加の一途をたどっている。場所やシステムは存在するだけでは意味がない。気軽に安心して利用できるものになるよう、今後も検討が必要であろう。

いかに多様な他者とかかわる機会を提供するか

事例10　「救えなかった、10か月の命『姿見えない』通報複数回……千葉・市原の女児死亡」

『朝日新聞』2020年7月14日付（夕刊）より抜粋

　千葉県市原市の母子家庭で1月、生後10か月の女の子が衰弱した状態で見つかり、亡くなった。3人の乳幼児を育てていた母親（23）は精神的に不安定で、虐待のリスクが高いとされる世帯だった。「女の子の姿が見えない」。そんな情報が複数回、市に寄せられたが、行政や地域の手は届かなかった。

母、孤立深めたか

　鈴木裕子ちゃん（仮名）が、母親、姉（5）、兄（3）と暮らしていたのはアパート1階の1室。心肺停止の状態で発見され、体重は5キロもなかった。あばら骨が浮き出るほどやせ細り、ネグレクト（育児放棄）の可能性があった。母親は6月保護責任者遺棄の疑いで県警に逮捕された。事件後、庭にはおもちゃ、ミルクの空き缶が転がっていた。

　近所の人によると、一家は数年前に市内に引っ越してきて、母親は「友達がいない」とこぼしていた。異変は昨年夏ごろ。晴れの日も洗濯物が干されず、秋には雨戸が閉ざされた。

　市によると、裕子ちゃんは昨年3月に生まれた。4月、保健師が1カ月健診で自宅を訪れた際、母親にはうつの傾向があった。その後、13回ある予防接種も、定期的な健康診断もすべて受けていない。

　9月、保健師が子育ての様子を確認するため部屋を訪問した。インターホン越

しに、父親が「子どもは元気」と答えたが、保健師は子どもの姿を見ていない。

　この頃から、姉が幼稚園へ登園しなくなっていた。これ以降、父親を確認しておらず、市は「別居して、実質的な母子家庭になっていた」と見ている。

　「裕子ちゃんを見ない」。12月、姉が通う幼稚園から市の虐待窓口の家庭児童相談室に通報があった。兄が通う保育園からも、兄の欠席が続いているという情報が電話で寄せられた。

　12月20日、裕子ちゃんの予防接種と健診の受診を勧めるために、保健師は6度目の訪問をした。玄関先ではたばこ臭が鼻をつき、対応した母親は髪が乱れていた。玄関には段ボールが乱雑に置かれていた。

　「体調は悪くない。困っていない」。そう話す母親は表情が乏しかった。一方、姉と兄は、にこにこしながらよく会話していた。保健師は裕子ちゃんの泣き声を聞いたが、安否を目視で確認しなかった。

児相に通報なし

　年明け、市は何度か連絡したが母親に会えなかった。1月23日、保健師らが約束なしで訪問すると、ドア越しに子どもの足音が聞こえた。だが、声かけやインターホンには応答がなかった。児童相談所に通報し、安否を強制的に確認してもらうこともできたが、市はそうしなかった。

　「息をしていない」。母親が別居中の父親に電話したのは、その2日後。父親からの110番通報を受け、救急隊が部屋に入ったとき、母親は裕子ちゃんに心臓マッサージをしていたという。精神的に不安定な母親は、一時入院後に逮捕された。

　近所の60代女性は悔やんでいる。「近所に頼れる人がいなかったのかもしれない。もうちょっとおせっかいをすればよかった」。（後略）

....

　千葉県で実際に起きた児童虐待（ネグレクト）による死亡事件である。なぜ裕子ちゃんは死ななければならなかったのか。

　裕子ちゃんの母親は数年前に引っ越し、知り合いや友人がいない土地で生活をしていた。引っ越しによって周囲とのつながりがなくなってしまうケースは多い。仕事をしていれば自然と他者とのかかわりがうまれるが、仕事をしていないと自分から外に出て行かなければつながりがもてない。孤独な育児が始まることとなる。

　他者とのつながりがない土地で3人目の裕子ちゃんを出産すると、うつ傾向が見られるようになった。うつは意欲や気力を奪っていく病気である。そのためか母親は裕子ちゃんの予防接種も健康診断も受けなかった。予防接種や健康診断は子どもの健康や発達のためであるが、適切な育児が行われているか確認し、保護者が支援を必要としているか検討する貴重な機会でもある。1カ月健診のうつ傾

向も考慮して、早いうちから定期的な連絡や訪問を継続することが母親を孤立から救ったかもしれない。

　裕子ちゃんが生後6カ月の頃保健師が訪問したものの、父親とインターホン越しに話したのみで裕子ちゃんと会うことはできなかった。同時期から父親と別居し、裕子ちゃんの姉と兄もそれぞれ幼稚園や保育園に登園しなくなる。外部とつながっていた父親が不在となり、姉、兄も外部とのつながりが絶たれた。いよいよ母親の孤立が家族にも拡大し、家族が孤立した状況となっていくのである。

　この間、保健師が6度の訪問をしている。母親は「困っていない」と言うばかりで、他者との接触を拒否しており、結局裕子ちゃんと会うことは叶わなかった。

　1月に保健師が再度訪問しても、居留守を使い対面できなかった。結果、10カ月の裕子ちゃんはネグレクトにより死亡した。

　この母親のように孤立した状況におかれ、孤独を感じているときこそ他者を拒否するケースは多い。それは子どもの面倒をきちんと見ていないという罪悪感からかもしれないし、見知らぬ人に自分の切実な悩みを話したくない気持ちからかもしれない。だからこそ児童虐待をしている保護者を責め、全責任を負わせる社会のあり方は、結局子どもを死に追いやることになる。周囲が保護者に寄り添いあたたかく見守ること、必要なときに「助けて」と言える環境を作ることが子どもの命を救うことにつながるのである。

演習問題——事例検討

1. 事例10（pp. 66～67）の新聞記事について、裕子ちゃんの保護者に誰がどのような支援を提供しているか整理しよう。

2. 事例10の新聞記事について、自宅に訪問しても「体調は悪くない。困っていない」という母親にどう声かけすれば今後の支援につながるだろうか。グループで話し合ってみよう。

3．事例10の新聞記事について、ネグレクト状態に置かれていた裕子ちゃんを救うために、誰が、どのような支援をすることができるか、グループで話し合い、たくさん出してみよう。

引用文献・資料

1 厚生労働省「平成30年（2018）人口動態統計（確定数)」2019
2 厚生労働省「2019年国民生活基礎調査」2020
3 内閣府男女共同参画局「『平成28年社会生活基礎調査』の結果から〜男性の育児・家事関連時間〜」2017
4 厚生労働省「子ども虐待対応の手引き（平成25年8月改正版)」2013

参考文献

野田眞幸・野田敦史編『子ども家庭福祉――子どもたちの求めと社会の役割』みらい、2012
福田公教・山縣文治編著『児童家庭福祉〔第3版〕』ミネルヴァ書房、2013

はっぱのおうち

お外でどろんこ遊びもできる恵まれた環境にある子育て親子の居場所がある。NPO法人が地域の方とのつながりのなかで、常設の場を実現した「はっぱのおうち」である。室内も手作りの物が多くあり、団体のメンバーで協力し合って作り上げていることを感じられる。

また、ここではノーバディズ・パーフェクト（NP*）を活用した保護者主体のグループワークも開催している。親子分離の時間が確保され、母親がじっくりと子育てについて語り合う。じっくり話す時間がつくれると、自分の子育てについての気づきが多々あり、その後の子育てに活かされているようである。

自然に囲まれた「はっぱのおうち」では、グループワークのときにも、子どもたちの自然のなかでの遊びが広がり、豊かに過ごすことができている。
（お話を伺った人：NPO法人こどもユニットWakaba
理事　斉藤まり子さん）

*　「ノーバディズ・パーフェクト（NP）」は、「カナダ発の就学前の子どもを育てる親支援プログラム」である。

（Nobody's Perfect JAPANのホームページより）

帝京平成大学プリプリキッズ・ユニバ

　プリプリキッズ・ユニバは、大学が運営する地域の子育て支援の場である。地域の乳幼児の親子のための場であると同時に、保育を学ぶ学生の教育の場でもある。学生は子育て支援スタッフとして実践しながら、親子とかかわる力を付けている。

①

②

③

④

　七夕やクリスマスなどの行事のときには、保育・幼稚園コースの学生が廊下にも季節感のあるものを飾る。毎年、飾りの前で写真を撮る親子も少なくない（①）。室内はコーナーに分かれており、親子が落ち着いて遊べるように配慮されている（②）。ままごとコーナーの丸テーブルの周りはいつも賑やかで、親子と学生でいっぱいになる。家庭での様子が再現されることもあり、皆で笑いに包まれる場面もある（③）。乳児コーナーの一角では、赤ちゃんを囲んで母親たちのおしゃべりに花が咲いていることがよくある（④）。

　その他、積み木コーナーでは学生と親子で大きなものを作ることもあり、子どもたちがそれを壊すことを楽しむ姿が多く見られる。楽器コーナーでは楽器を自由に使い、音遊びを楽しむことができる。学生と一緒にリズム遊びが自然に始まる光景も見られる。

　このような学内での子育て支援の取り組みは、その他の保育者養成校でも実施されており、子育て支援に関する実践的な学びとなっている。

（資料提供：帝京平成大学プリプリキッズ・ユニバ）

第2章

保育者の行う
子育て支援の展開

2-1

子どもおよび保護者の
状況・状態の把握

　この節では保育者による支援の流れのうち、支援を必要とする親子への気づきから事前評価（アセスメント）までを理解する。状況を理解する方法として、アセスメントシート、エコマップとジェノグラムの活用ついて学ぶ。

　保育者は子どもの育ちの専門職として、在園の子どもと保護者のみならず地域の子育て家庭も対象に保護者への子育て支援を展開することが求められている。保育者の行う子育て支援の特徴は、日々の保育のなかで子どもと保護者へのかかわりを通して行われることにあり、子どもの育ちやしつけなどの保護者の日々の悩みや戸惑いに関する相談に応じる。さらに、子どもの育ちには家庭環境も大きな影響を及ぼすことを踏まえて、保護者の健康や就労、家族関係の悩みや葛藤に寄り添い、子育て環境の改善に対しても支援を行う。問題によっては園全体で親

支援を必要とする 親子への気づき	登・降園時の保護者の様子、親子関係、保育のときの子どもの様子がいつもと違う
支援の開始・面接 （インテーク）	保護者との問題解決に対する意思の確認
事前評価 （アセスメント）	問題となる事柄に対する情報収集を行い状況を総合的に把握する
支援計画 （プランニング）	アセスメントに基づき、いつ誰がどのような支援を行うか計画を立てる
支援の実践	必要度に応じて優先順位を立てて実践を行う
評価 （モニタリング）	状況の改善と支援による効果を評価する
終　結	状況が改善した時点で通常の関わりに戻る

図1　保育者による支援の流れ

出所：社会福祉士養成講座編集委員会編『新・社会福祉士養成講座7　相談援助の理論と方法Ⅰ』中央法規、2019、p. 98をもとに作成

子の状況と支援の方向を共有し、子どもと保護者にとって望ましい支援を検討して計画的に取り組む。保育者が個々の考えや思い付きで支援を行うと、支援者の価値観が強く反映されてしまったり、保育者によって助言が異なることで保護者が混乱してしまうことがあるので注意が必要である。支援を検討する際には、子どもと保護者、家庭の状態や状況を十分に理解しようと努め、保護者と共に考えていく姿勢をもちたい。

 # 気づきからアセスメントまで

（1）問題への気づき

親子の様子の変化に気づくことは支援の始まりである。登・降園時の親子の様子、保育中の子どもの様子に「何かいつもと違う」「最近、表情がさえない」といった違和感をもつことがある。重大なことが起こった後に振り返ると「そう言えば」と思いあたることも多い。親子の最も身近にいる保育者の「いつもと違う」という違和感は、支援を始めるきっかけとなる

表1　気づきの機会（例）

施設内	日常の やりとり	登・降園時のやりとり
		連絡帳によるやりとり
		保育での子どもの様子
		掲示物など
	機会を利用	保護者会
		個人面談
		講座・講習会
外部	情報を得て	地域からの情報
		関係機関からの情報

出所：筆者作成

ことを心に留め、気づきを放置しないことが重要である。また、他の保護者や地域住民から、気づきが発信されることもある。気づきを聞き取った場合も適切に支援につなげなければならない。

気づきの機会の例を**表1**に示す。

日常のやりとりでは、登・降園時は保護者と直接話ができ、日々の変化や状況を最も把握しやすい機会である。子どもの様子、親子の会話や表情、身だしなみ、持ち物、忘れ物などから親子の心身の状況や家庭の生活状況の変化などを察することができる。話をする場合、登園時は保護者も慌ただしいことが多く、降園時の方が時間をとりやすい。保育中の子どもの様子を伝えながら保護者の反応、親子のやりとりを観察することができ、家庭での様子を聞くことで、保護者の子育ての方法、価値観などを知る機会にもなる。親子の日常の姿を把握していることで、小さな変化に気づくことが可能となる。日頃から保護者が安心して子どもを託すことができる信頼関係を築いていることにより、親子の様子が「いつもと違う」ことに気づいた場合の働きかけも容易になる。日々の子どもの姿や遊びから

10月　10日　（水）			
家族から		記入者（　　母　　　）	
夕食	19：00 ごはん、ポトフ、ハンバーグ、いちご	体温	36度7分
		睡眠	21：30〜6：00
朝食	6：45 パン、ウィンナー、ほうれん草炒め、ヨーグルト	排便	硬・⦅普通⦆・軟・下痢
おうちでの様子 　昨日は帰ってきてから体をクネクネさせて笑いながら何回も踊りのような動きをしていました。 　楽しそうでしたが、なかなか寝なくて困りました。 　そのせいか朝は少し機嫌が悪かったです。			
連絡事項 　本日、耳鼻科に行くために早くお迎えにいきます。 　よろしくお願いします。		お迎え（　　　時　30　分） 父・⦅母⦆・祖父母、 その他（　　　　　）	
園から		記入者（　　　佐藤　　　）	
昼食	⦅全⦆・4/3・半・少し	排便	硬・普通・軟・下痢・⦅無⦆し
おやつ	⦅全⦆・4/3・半・少し	睡眠	12：10〜14：10
園での様子 　なかなか寝なかったとのこと、お家の方もお疲れのことでしょう。 　昨日は、年長さんが楽しそうに踊っているのをじっと興味深そうに見ていましたから、 　気に入ってお家で再現したのですね。 　お昼寝では自分から布団に入りすぐに寝入っていました。			

図2　連絡帳（例）

出所：筆者作成

も家庭での生活習慣、親子のやりとりの様子などを読みとることができる。連絡帳に記載された内容からは子どもの心身の状況、生活リズム、食生活などを把握でき、保護者の状況や心情を推察することができる。連絡帳は、年齢に応じて子どもの健康状態、食事、排せつ、睡眠などに関する情報と連絡事項などを園と保護者の双方が記入する。家庭と園での生活が連続したものとするため配慮する（**図2**）。保護者の記入欄には、子どもの様子とともに子育ての悩みや保護者の状況が記入されていることも多く、保護者の困り感や家庭環境の変化を知ることは支援のきっかけとなる。連絡帳は子どもの成長記録として残るものであることを踏まえ、肯定的なメッセージを中心に記載し、気になる事柄などは口頭で伝えることを心がけたい。

　機会を利用した気づきとして保護者会、個人面談、講座や講習会なども支援のきっかけとなることがある。保護者会は園からの情報伝達の機会であるとともに保護者からの要望や困りごとを聞き取る機会となる。個人面談は年度初め、年度末など年間計画に組み込んで行う場合と、適宜行われる場合がある。保護者の話

を十分に聴き、園からは子どもの園での様子、成長の姿を伝える。子どもの行動や発達の課題は保護者の受け止めに配慮して伝える。園で開催する講座や講習会は、子どもの発達、かかわり方、食育、睡眠など保護者に伝えたい事柄にスポットを当てて伝えることで保護者の気づきを促す機会となり、相談につながるきっかけとなることもある。

　園の外部からの気づきとして、近隣、地域から「最近ちょっと気になる」などの情報が入る場合と、すでにかかわっている関係機関からの聞き取りや見守り依頼などで情報が入る場合がある。外部からの情報により園で把握していない家庭の課題などが明らかになることが支援のきっかけとなることがある。園内での情報共有、外部機関と連携においては個人情報の取り扱いに十分な配慮が必要である（詳しくは2－5〔p. 114～〕参照）。

（2）保護者との問題解決に対する意思確認（インテーク）

　インテークとは相談関係の始まりの面接である。子育て支援においては相談室での面接の形態をとらないことも多く、問題を解決するための保護者との最初の意思確認の機会と捉えるとよい。インテークの際は保護者が戸惑い葛藤を抱えながら子育てをしている心情に共感しながら話を聴き、同時に客観的事実を確認する。落ち着いた場所を用意し、1時間程度の時間を取るとよい。話を聴く際の留意点として、問題となる状況が生じている背景を理解しようと努め、表面に現れている問題だけに着目して望ましくないと決めつけたり、一方的な指導にならないように寄り添って話を聴く。子どもにとって望ましくない状況が明らかである場合、保護者に寄り添うことは不適切なかかわりを容認するのではないかとの声があるがそうではない。第一に守るべきは子どもである。保護者が不適切なかかわりに至ってしまうほどに困難な状況に陥っていると捉えて、その状況を改善するために支援を行うことで、子どもを取り巻く不適切な状況が改善されるのである。

（3）事前評価（アセスメント）

　事前評価とは問題となる事柄に対する情報を収集して整理して分析し、問題や状況を総合的に把握することである。保護者の主訴、聴取内容、必要に応じて保育記録、連絡帳などの記録から、子どもの発達、心身の状況、養育の状況、保護者の状況、家庭環境、サポートの有無などの情報を集め、課題と支援の必要度を明らかにする。事前評価の際の留意点として、課題やマイナス面にのみ着目するのではなく、子どもと保護者、その家族がもつ能力、意欲、嗜好、その家族を取り巻く人的資源、経済状況などのストレングス（強み）に着目することが重要で

ある。支援者が保護者や家族を信頼し、ストレングスに目を向ける肯定的な視点をもつことで保護者との信頼関係が深まり、問題解決に向けての保護者の動機付けとなる。

　　3歳児（年少）たんぽぽ組担任のまき先生は、最近のけんとくんとお母さんの様子が気になっている。送迎時のお母さんは以前より疲れた様子で、活発だったけんとくんも最近ちょっとしたことで泣き出すなど元気がない。お迎えのときに家に帰りたがらず、お母さんに「早くしなさい」と叱られながら帰っていく。まき先生はもう1人のクラス担任のりえ先生に違和感を伝えてみたところ、りえ先生も最近のけんとくんの様子が気になっていることがわかった。そこで、けんとくんの様子を気にかけながら、お迎えのときにお母さんに話しかけるようにした。お母さんは次第に打ち解けてきて、仕事を掛け持ちしていて忙しいこと、疲れても生活が厳しくて休めないことを話してくれるようになった。ある日お母さんが「けんとがわがままばかり言うので困っています」と話して来たことをきっかけに、「今度時間をとって一緒に良い方法を考えてみませんか」と提案してみた。お母さんは少し驚いた様子だったが「よろしくお願いします」と言い、その日は帰った。後日、主任にも同席してもらい面談をした。お母さんは、少し前に父親と別居したので仕事を増やして1人で頑張っている、祖父母は遠方で頼れず市内に住んでいる妹も頼れない、友達には家庭内の状況を話していない、同じような立場の友達がほしいし、どこかで離婚の相談をしたくても時間がないと涙した。イライラしてついけんとくんにあたってしまい、そのたびに親として失格だと後悔して自分を責めてしまうと話してくれた。お母さんは話をしているうちにパソコンを習って正社員になりたい、けんとをしっかり育てたいと少し前向きになっていった。

① 支援を必要とする親子への気づき

　まき先生は送迎時の親子の様子と、保育時のけんとくんの元気のない様子の変化に気づき、気づきをそのままにせず、りえ先生に伝えた。気づきを共有することにより、漠然とした違和感が言語化され、それぞれが捉えている問題点を伝えあうことで問題が整理された。

② 保護者との問題解決に対する意思確認

　まき先生は、まず保護者が相談をしたくなるような雰囲気づくりを行った。保育者の方で支援が必要なのではないかと考えても、問題を感じていない、問題を感じているが相談すると責められてしまうのではないかと不安を感じている、ど

こに相談すればよいかわからない、問題を知られたくないなど、保護者の状況の受け止めはさまざまである。保育者のペースで早急に介入しようとすると信頼関係を損なうことがある。まき先生が行ったように、まず保護者の日々の生活を肯定的に捉えて共感的に話を聴くことから始め、保護者からの発信をタイミングよく捉えて働きかけをすると保護者の心理的な抵抗が少ない。事例では、お母さんからの「けんとがわがままばかり言うので困っている」との発信を捉えて面談の提案をしたことでお母さんの困り感に寄り添って働きかけをすることができた。また、「良い方法を一緒に考えてみませんか」と呼びかけたことでできていないことを指摘されるのではないかとの不安が軽減されたと考えられる。日を改めることで、保育者は主任に同席を依頼し、話を聴く準備を整えることができた。お母さんも話す内容をあらかじめ考えるなど心の準備ができたと考えられ、双方が落ち着いて面談に臨むことができ、けんとくんの行動の背景の問題を聞き取ることができた。

③ アセスメント（事前評価）

　お母さんとの面談後、園長、主任、担任は課題の整理を行った。父親との別居による生活の変化がお母さんとけんとくんの心身の負担になっていることがわかった。けんとくんは、健康状態、心身の発達に問題はなく、課題は最近元気がなくて友達と遊べないこと、降園時に帰りたがらないことであった。お母さんは、非正規の仕事で経済的に厳しく、親族には頼れないこと、友達から孤立していること、生活の改善についての相談意欲があり、同じような立場の友達を求めていることがわかった。養育状況については健康面、衛生面などは問題ないが、お母さんにゆとりがなく、親子で触れ合う時間が少なくなっていると思われた。

情報まとめシート（アセスメントシート）の活用

　保護者や親族、関係者から聞き取った内容を支援につなげていくためには、情報を整理して客観的に理解する必要がある。情報整理の方法としてアセスメントシートを活用する方法がある。**図3**（次頁）にアセスメントシートの例を示した。子ども、養育状況、保護者、家庭環境、支援の有無などの情報を整理して視覚化することで問題の把握と関係者間での共有が容易になる。問題となる事柄については、問題がない場合は「問題なし」と記入し、不明の場合は「不明」と記入する。長所や状況改善の助けとなる特徴などをストレングス（強み）に記入する。不明の項目が多いということは、全体の状況を把握できていないということになる。不明の項目を明らかにすることで、新たな課題、表面に現れている問題の背景の問題に対する

理解が深まり、新たな気づきを得ることができる。カンファレンスのたびにアセスメントシートを見返して、新たな状況や改善点を日付を記して加える、または、新たにアセスメントシートを作成して、前回のカファレンスのときのアセスメントシートと比較すると時系列に沿って状況の変化を把握することが可能となる。

		A 良好 B 要改善 C 至急改善	現在の状況		支援方針	
			課題	ストレングス （強み）	具体的支援	役割分担
子ども	健康状態					
	身体発達					
	知的発達					
	情緒・社会性					
	登園状況					
養育状況	食事					
	衣服・衛生					
	生活					
	親子関係					
保護者	心身の状況					
	食事・育児					
	性格・行動					
	就労状況					
	園との関係					
家庭	家族構成					
	家族関係					
	経済状況					
	近隣との関係					
支援	親族					
	友人					
	近隣					
	公的機関					
その他						

図3　アセスメントシート（例）

出所：加藤曜子「児童相談所と市町村の共通アセスメントツール作成に関する調査研究──在宅支援共通アセスメント・プランニングシート作成」をもとに作成

アセスメントシート例の項目を参考に、事例1（p. 78）のけんとくんとお母さんの家庭の状況を整理して、問題点、ストレングス（強み）を、不明の場合は「不明」を記入しましょう。

	問　題	ストレングス（強み）
子ども		
養育状況		
保護者		
家庭		
サポート		

3 エコマップとジェノグラムの活用

　家庭の状況を視覚的に理解する方法として、ジェノグラムとエコマップがある。ジェノグラムは通常は3世代にわたる家族関係を図式化したもので、児童福祉領域では子どもを中心に親族の関係、結婚・離婚や死別、関係の強弱などを記載する。表記の方法にルールがありルールに即して作成する。ジェノグラムを用いると家族関係を一目で把握することができる。エコマップは、家庭と社会資源とのつながりを図式化する方法である。家族の構成員とつながりのある資源とを線で結ぶ。現在かかわりのある資源を実線で結ぶ、かかわりの深い資源は太い線で結ぶ、関係機関どうしが連携している場合は実線で結ぶなどの方法がある。家庭の状況と周囲とのつながりを視覚的に把握でき、必要な支援を見つけ出していく上で有効であり、関係機関との情報共有も容易になる。

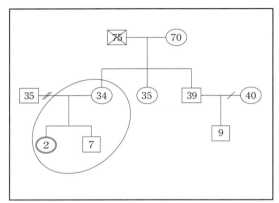

図4　ジェノグラム（例）

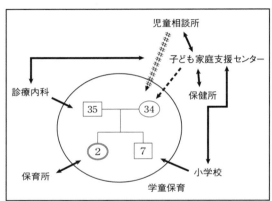

図5　エコマップ（例）

35	男性35歳	⬜︎○	婚姻	———	良好な関係
34	女性34歳	⬜︎／○	別居	- - - - -	希薄な関係
2	対象児	⬜︎／／○	離婚	############	葛藤のある関係
5	性別不明	夫婦と子2人	夫婦と子2人	⟶	関心の方向
75	75歳にて死亡	◯	同居家族を枠で囲む		

図6　表記に使用する記号

出所：筆者作成

演習問題2

1. 上記の例を参考にして、事例1（p. 78）のけんとくんとお母さんのジェノ
グラムとエコマップを描いてましょう。

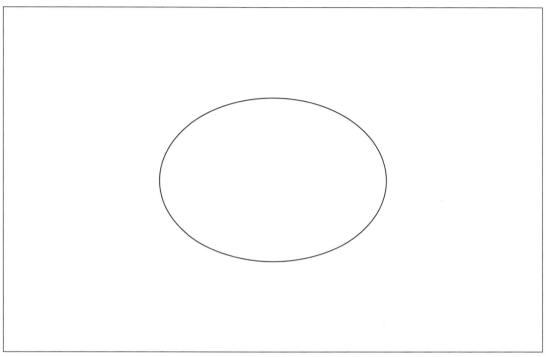

ジェノグラムとエコマップ

2. 事例1を整理して気づいたことを書き出し、グループで話し合ってみましょ
う。

参考文献・資料

加藤曜子「平成 29 年度子ども・子育て支援推進調査研究事業（厚生労働省）児童相
談所と市町村の共通アセスメントツール作成に関する調査研究——在宅支援共
通アセスメント・プランニングシート作成」(https://www.mhlw.go.jp/content/11900000/
000520462.pdf　2020年 4 月10日閲覧)

社会福祉士養成講座編集委員会『新・社会福祉士養成講座 相談援助の理論と方法 I
第 3 版』中央法規、2019

2-2

支援の計画と環境への働きかけ

　前節では保育者による支援の流れのうち、支援を必要とする親子への気づきから事前評価（アセスメント）までを学んだ。この節では、より良い支援を実践するための支援計画（プランニング）について学ぶ。

支援を必要とする親子への気づき	登・降園時の保護者の様子、親子関係、保育のときの子どもの様子がいつもと違う
支援の開始・面接（インテーク）	保護者との問題解決に対する意思の確認
事前評価（アセスメント）	問題となる事柄に対する情報収集を行い状況を総合的に把握する
支援計画（プランニング）	アセスメントに基づき、いつ誰がどのような支援を行うか計画を立てる
支援の実践	必要度に応じて優先順位を立てて実践を行う
評価（モニタリング）	状況の改善と支援による効果を評価する
終　結	状況が改善した時点で通常の関わりに戻る

図7　支援の流れ

出所：社会福祉士養成講座編集委員会編『新・社会福祉士養成講座7　相談援助の理論と方法Ⅰ』中央法規、2019、p. 98をもとに作成

 1 支援計画 （プランニング）

（1）支援計画の意義

　子育て支援においては、日々のかかわりのなかで保護者が身構えずにささいなことでも気軽に相談ができる雰囲気づくりが大切である。保護者から寄せられる相談

85

には担任の保育者の助言や励ましで改善する内容から、保護者の疾病や児童虐待の問題など園だけの支援では解決が難しい問題も含んでいる。保護者の主訴が必ずしも深刻度と一致していない場合もある。保護者の語り口や相談の入り口で軽微な内容と決めつけず、相談の背後に重篤な問題が隠れている可能性もあることを念頭に置く必要がある。子育て支援の専門職として有効な支援を提供するためには、問題や状況を正しく捉えて検討した上で支援計画を立案し、実践に落とし込む必要がある。支援を開始し、ある程度の期間が経過した後、状況を確認して課題の改善がみられたかどうか評価を行う。課題が改善している場合は課題に対する支援を終結する。状況の改善がみられない場合は再アセスメントを行い、新たな支援計画を立案し、新たな計画に沿って実践を行う。再アセスメントの際は、これまで明らかになっている課題のみに目を向けるのではなく、状況は常に変化していることを念頭に、新たな課題が浮上していないか見極める必要がある。課題が改善するまでアセスメント、支援計画、実践、評価を繰り返すことで、状況の変化に沿って適切な支援を提供することが可能となる。

（2）支援計画の立案

　アセスメントによって整理された課題に基づいて支援の目標を設定し、いつ誰がどのような実践を行うのか、優先順位、役割分担などを考慮した支援計画を立案する。園における支援計画の立案にあたっての留意点として、園生活全体の計画と切り離すのではなく、園の環境、日常の保育、子どもと保育者とのかかわりも人的資源として活用して支援を計画して実践する。支援計画の円滑な遂行のためには、園全体で支援することを職員の共通理解とし、必要に応じて情報共有の機会をもつ。支援計画を立案する際には、園で提供できる支援のみではなく、地域や関係機関によって提供される支援も想定し、環境に働きかける視点も必要である。また、複数の課題がある場合は、状況に応じて必要度の高い課題から取り組む、親子が取り組みやすい内容から伝えるなど、実践を行う上での優先順位を検討する必要がある。一度に全ての課題を解決しようとすると、保護者の負担が増してしまい、状況の改善につながらない場合がある。また、支援計画を立案する上で重要な視点として、保護者の主訴を傾聴しながらも、子どもの最善の利益を追求する視点に立ち、子どもの健やかな育ちを促進する子育て支援を展開しなければならない。

（3）支援の内容と方法

　園の全体計画に組み込む支援の例を**表2**に示した。在園児の保護者を対象とし

た内容は、日々のかかわりに加えて、保護者会、園だより・連絡帳、行事への参加、個人面談などがある。全ての家庭を対象とした支援には、園庭開放、保育参加、給食体験、子育てひろば、保護者向けの講座などがある。子育ての悩みや子どもの発達に関する不安を抱える保護者には、子育て相談、発達相談など個別の相談、保育を必要とする家庭への支援には、一時保育、延長保育、休日保育、病児・病後児保育などの保育の方法がある。いずれの支援についても保育者は保育に関する知識と技術を、栄養士・調理師は食育、看護師は保健衛生、感染症予防など、それぞれの専門性を生かして支援を行う。

関係機関と連携する支援として、親子の心身の健康に関しては自治体の母子保健担当部署、医療機関と、発達に心配のある子どもに関して自治体または民間の療育機関、児童虐待に関しては、市の児童家庭相談担当部署および児童相談所との連携などがある。NPO法人など地域の子育て支援や相談事業、親による親子遊びの会などの自主グループなどとの連携も考えられる。

表2　園による支援の対象と内容

	対象	内容
園による支援	全ての家庭	園庭開放
		保育参加
		給食体験
		子育てひろば
		保護者向けの講座
	在園児の家庭	保護者会
		園だより・連絡帳
		行事への参加
		個人面談
	相談のある家庭	子育て相談
		発達相談
	保育を必要とする家庭	一時保育
		延長保育
		休日保育
		病児・病後児保育

出所：筆者作成

2　キーパーソンと環境への働きかけ

支援をする上で複数の人や関係機関がかかわる場合にはキーパーソンの存在が重要となる。キーパーソンとは支援の中心となる人物で、家庭の状況をよく理解している、家族との関係が良い、連絡が取りやすいなどが条件となる。身近に頼れる親族がいれば親族が、キーパーソンとなる親族が不在の場合はかかわりの深い関係機関の担当者などが担う場合が多い。保育園は親子と毎日顔を合わせることができ、家庭の状況や健康状態の変化などを把握することが容易であるため機関としてキーパーソンの役割を果たすことがある。家庭の状況が変化した際にも子どもと保護者の双方への働きかけが可能である。親子にかかわる際、直接のかかわりは担任、管理職など限られた職員であっても、園全体で連携して情報共有を行い、キーパーソンの役割を果たす保育者を側面から支える体制をつくることが必要である。

キーパーソンとして支援を行う際には、子どもと保護者への働きかけを行うとともに、関係機関への発信、地域資源の掘り起こしなど環境への働きかけも求められる。園だけで行う支援には限界があり、関係機関、地域資源との連携で支援の幅が広がる。また、日々の状況を把握して密に支援を行うことができるのは卒

園するまでであり、状況が改善しないまま小学校へと送り出す場合も少なくない。園における支援は時間的な制限があることを念頭に置き、卒園後も継続して支援を受けられるよう、親子と関係機関や地域資源との橋渡しを行い、地域のなかで親子が居場所を見つけられるように支援を行うことが必要である。

事例2

　　けんとくんのお母さんとの面談終了後、まき先生とりえ先生、主任と園長は、けんとくんとお母さんを今後どのようように支援していくか、アセスメントシートを使って話し合い支援計画を立てた。けんとくんは欠席はなく毎日決まった時間に登園してくる。衣食住など生活状況は問題ない。心身の発達は良好。お父さんが不在となりお母さんが多忙になり怒りっぽくなったという環境の変化に戸惑い不安を感じているようだ。お母さんは仕事の掛け持ちによる疲労の蓄積と、周囲とかかわる時間が取れないことから孤立して心身ともに余裕がなくなり、けんとくんにあたってしまうことがわかった。これらの状況からけんとくんとお母さんの心身の安定、生活状況の改善、他の保護者や地域とのつながりをつくることを支援の目標とした。園でできることとして、けんとくんに対しては、担任のまき先生とりえ先生を中心にスキンシップを増やし、園全体でも声かけを増やして情緒の安定を図ることにした。お母さんに対しては登・降園時の声かけを行い、連絡帳でお母さんへの寄り添いの言葉とけんとくんの姿を肯定的に伝えることを心がけることにした。お母さんが疲れた様子のときには園長と話をして一息ついてから帰宅することを提案してみることにした。外部の支援として、今後の生活のため市役所のひとり親家庭支援の担当部署への相談を勧めること、土曜日に親子で遊びにいける子育て支援センター（コラム4〔pp.132〜133〕参照）と、お母さんの食事作りの負担を軽減しながら親子で参加できる「こども食堂[*1]」を紹介することにした。職員会議で家庭の状況と支援計画を伝えて職員全員で共有した。その結果、園全体でけんとくん親子を応援する雰囲気が生まれ、先生たちのけんとくんとお母さんへの声かけが増えた。他のクラスの担任からひとり親の会に入っている保護者がいるので紹介してはどうかという新たな提案もでた。その後、お母さんともう一度面談を行い、今の状況を乗り切れるように応援していくこと、お迎えのときに少し休憩して帰ってもよいことを伝え、利用できる機関とサービスの内容を紹介をしてお母さんの意向を聞いてみた。お母さんの希望は、まず市役所のひとり親家庭支援での相談を利用して今後の生活を考えたいとのことであった。「こども食堂」も早速利用してみたいとのことであった。お母さんの希望でひとり親家庭支援の担当部署には園から連絡を入れ、お母さんが相談に行くことを伝えることになった。「こども食堂」は親子で行ってみると、案内のちらしをバッグ

にしまった。面談が終わる頃にはお母さんに笑顔が出て、けんとくんと手をつ
ないで帰っていった。数日後、お母さんが「こども食堂」に行ったこと、同じ
園の親子に出会ってLINEの交換をしたことを笑顔で報告してくれた。

・・・

① 情報の整理と分析

　支援計画を立てる際、子どもと親の状況を最もよく見ている担任などと、機関
としての意思決定を行う管理職が、客観的な情報に基づいて情報を整理して必要
な支援を検討するための話し合いを行う。まき先生、りえ先生と面談に同席した
主任と園長は情報を整理し、けんとくんとお母さん双方に寄り添う心理的支援と
親子関係の改善への支援、生活状況の改善、他の保護者と地域との橋渡しの支援
が必要であることを分析した。計画を立てる際は、初めに有効と思われる支援を
なるべく多くあげ、次に緊急度、優先順位を検討し、園で行う支援と外部につな
ぐ支援を検討する。計画の最終段階は、親子へのかかわりの方法、外部の関係機
関に誰が連絡をするかといった役割分担を行い、実践のシュミレーションを行う。

② 周囲を巻き込む支援計画

　支援の実践が円滑に行われるためには、担任など直接かかわる者だけで完結し
ようとせず、計画立案の段階から周囲を巻き込んでいくと周囲の理解が得られや
すい。そのためには計画の内容を丁寧に説明して理解を得た上で、具体的にサ
ポートしてほしい内容を伝える。園全体で親子を支えているという共通認識が生
まれると、気づきや小さな変化を共有することが可能となる。まき先生とりえ先
生は職員会議の場で他の職員に支援計画の内容を報告して共有したことにより、
園全体で親子を支援する雰囲気づくりができ、けんとくんとお母さんに対する眼
差しが優しくなった。園全体で支援することで、担任が不在のときにも子どもと
保護者の見守りができ、新たな支援策に関する情報が入るなど、支援の拡がりが
期待できる。さらに、地域での居場所を見つける支援として、園の保護者と引き
合わせる、園外においての地域の支援活動、生活の状況改善のための関係機関を
紹介して、支援を拡げた。

③ 当事者の想いを受け止める支援

　まき先生とりえ先生は、支援計画を立てた後、お母さんと再度面談を行って、
園としてできる支援と外部から得られる支援を丁寧に説明し、お母さんの希望を
確認した。お母さんは提示された支援のなかからひとり親家庭支援の利用と「こ
ども食堂」の利用の二つの支援を選択し、ひとり親家庭支援の利用については担
当部署への仲介を園に依頼した。「こども食堂」には仲介を依頼せずに親子で出
向くことを希望した。支援計画を立案する際には、保護者の想いを十分に聞き取

り、保護者の選択を尊重する姿勢が大切である。保育者から見て望ましい支援であっても親子にとっては受け入れ難い場合もあり、望んでいない支援を進めても支援の効果が得られず、信頼関係が損なわれてしまう場合もある。保育者は保護者が自ら選択する力を信じることが必要で、保護者が最良の選択をすることができるように支援の選択肢を増やし、保護者が自らの選択に納得できるような知識と説明力をもつ必要がある。つまり、問題を解決していく過程において、保護者が子どもの心身の育ちにとって最善の選択ができるよう保護者の子育ての伴走者としての役割を果たすということである。

　ただし、児童虐待が疑われる場合は支援中心の対応が困難な場合もある（詳しくは、3－5〔p. 180～〕参照）。

④　情報共有をする際の留意点

　関係機関や地域の支援者と情報共有をする際には個人情報に十分に配慮しなければならない。個人情報は安易に共有してはならず、原則としては事前に保護者に情報共有の範囲と内容を伝えて了解を得る。個人情報に配慮していることを示すことで、より保護者の信頼を得ることができると考えられる。また、保護者が情報共有に同意した場合も、詳細な内容は聞き取った担任と管理職が把握し、園全体では支援を行う上で必要な事柄のみを共有するなど、必要最小限の情報共有を心がけるよう配慮する。園外の関係機関や地域の活動につなぐ場合などはさらに慎重に情報共有を行う必要がある。保護者自身から話をすることを基本として、園から情報を伝えてよいかどうか保護者に事前に確認する。つなぎを依頼された場合、関係機関、地域の支援者が親子を肯定的に捉えて保護者の話に耳を傾けられるようにつなぐことが役割であると心得たい。

　ただし、児童虐待の可能性がある場合は保護者の同意を得ずに情報共有をすることがある（詳しくは、3－5〔p. 180～〕参照）。

事例 2 （pp. 88〜89）を読み、けんとくんとお母さんの支援の目標と支援内容・方法を整理してみましょう。

目標	対象者	支援内容・方法	担当者
課題：けんとくんの安定			
課題：お母さんの安定			
課題：親子関係の改善			
課題：生活状況の改善			
課題：他の保護者とのつながり			
課題：地域とのつながり			

1. 演習問題1を行い、不足している支援を中心に、その他にどのような支援があるとよいか考えてみましょう。

目標	対象者	支援内容・方法	担当者

2. あなたが担任として支援を行うと仮定して、困難を感じると思われることを書き出してみましょう。次に困難を解消するためにどうしたらよいか考えて、周囲の人と話し合ってみましょう。

〈困難を感じると思われること〉

〈そのためにどうすればよいかできることを考えてみましょう〉
あなたの考え

他の人の考え

注

＊1　こども食堂：子どもたちを対象に、地域のボランティア団体などが無料または100円程度の料金で栄養のある食事を温かな雰囲気のなかで提供して、子どもや親子の居場所づくりを行う活動である。週１回程度で定期的に開催する団体が多い。

2-3

支援の実践から終結まで

この節では、支援の実践から終結までの流れを理解し、記録の方法とカンファレンスの実際について学ぶ。

支援を必要とする親子への気づき	登・降園時の保護者の様子、親子関係、保育のときの子どもの様子がいつもと違う
支援の開始・面接（インテーク）	保護者との問題解決に対する意思の確認
事前評価（アセスメント）	問題となる事柄に対する情報収集を行い状況を総合的に把握する
支援計画（プランニング）	アセスメントに基づき、いつ誰がどのような支援を行うか計画を立てる
支援の実践	必要度に応じて優先順位を立てて実践を行う
評価（モニタリング）	状況の改善と支援による効果を評価する
終　結	状況が改善した時点で通常の関わりに戻る

図8　支援の流れ

出所：社会福祉士養成講座編集委員会編『新・社会福祉士養成講座7　相談援助の理論と方法Ⅰ』中央法規、2019、p. 98をもとに作成

 支援の実践から終結まで

（1）支援の実践

支援のプロセスの中心となるのが実際に支援を行う実践である。支援計画に基づいて園内において支援を実践し、必要に応じて地域資源を案内し、関係機関へのつなぎなどを行い、同時に環境への働きかけを行う。外部の支援とのつなぎに

は丁寧な橋渡しが必要である。子育て支援はすべての家庭を対象として、個々の家庭の事情に即した支援を行うものであるが、保護者によっては「支援を受けるほどの状況ではない」と抵抗感をもったり、「他の家庭は支援を受けなくてもちゃんとできているのに」と自分を責めてしまうことがある。支援を提案する段階で保護者が抵抗感や自責の念をもたないように働きかけなければならない。また、保護者が自らよく知らない地域資源にアプローチすることはハードルが高い場合がある。保護者が安心して地域資源とつながれるよう、保護者の了解を得て関係機関の担当者に状況を伝えておく、初回は関係機関との面接に同席するなどの工夫が必要である。支援を始めた後、支援計画を立案したときとは状況が変化したり、新たな課題が見つかる場合もあり、必ずしも計画通りになるわけではない。支援計画に沿って実践をしながら、適宜状況を確認し、親子の状況を固定的なものと捉えず、子どもと保護者に寄り添いながら実践を重ねる。支援の効果を客観的に評価した上で必要に応じて修正を加えていく。

（2）評価（モニタリング・エバリュエーション）

　評価とは、支援の開始後に計画が予定通りに進んでいるか、支援により期待した結果となっているかといった支援の効果を検討することである。支援の中途に行う評価を「中間評価（モニタリング）」という。中間評価では支援の過程を見直し、その時点での支援の効果を確認する。支援開始後の経過と現状の把握、支援計画で定めた目標や内容が適切であるか、支援は計画に沿っているか、新たな課題が生じていないかなどを確認して評価を行う。状況が改善していない場合は、再びアセスメントを行い、支援計画を修正して支援を実践する。終結の段階では、支援の始まりからの振り返りを行い、支援による結果や効果の総合的な評価である「事後評価（エバリュエーション）」を行う。事後評価は支援の終結を判断するために行われる。支援によって問題が解決した、状況が落ち着いているなど、指標とする数値、親子の姿、聞き取りから客観的に評価する。例えば生活状況の改善が目標であったとする。決まった時間に登園できるようになった、欠席日数が減ったといった数値による評価、朝食をとっておらず午前の活動では眠そうな様子がみられたが、朝食をとって定時に登園するようになり午前の活動に活気が出たといった子どもの姿による評価、「ゲームを止めて夜8時に絵本を読んで寝るようにしたところ親子で体調が良くなりました」など保護者からの聞き取りなどによる評価を行う。表面的な評価に留まらず、子どもと保護者の内的な変化、親子が状況をどのように捉えているかを評価することも重要である。さらに、支援の実践により誰のどのような状況が改善したのか、改善に至らないのか、有効であった支援、効果的でなかった支援を具体的に記述しておくとよい。客観的な記録は支援の必

要性を検証する根拠となり、再び支援が必要になった場合の介入のヒントとなる。記録を書くことにより問題が整理され、実践の振り返りの機会ともなる。

（3）終結

　支援の目標がある程度達成されると支援の終結となる。終結によりかかわりの機会がなくなる相談機関などと異なり、保育所などにおける終結は特定の課題に関する介入の終結を意味し、日々のかかわりのなかでの見守りや必要に応じた声かけは継続して行われる。終結した後も地域、関係機関と連携して見守りを継続する場合もある。終結の後も親子を気にかけて寄り添う姿勢をもち、いつでも相談に応じることを伝えることが保護者の安心につながる。

事例3 ･･･

　けんとくんのお母さんとの面談から1カ月が過ぎた。園全体でのけんとくんへの声かけを増やし、担任のまき先生とゆき先生はけんとくんと過ごす時間を多めにとるよう心がけました。けんとくんは次第に元気を取り戻し、最近では先生と離れ友達と遊ぶ時間が増えてきました。けんとくんもお母さんも子ども食堂「おひさま」への参加を楽しみにするようになり、欠かさず通っています。開催日は朝から「きょうはお母さんとおひさま行く」と笑顔で登園し、お迎えの時間が近づくと自分から帰る準備をしてお母さんのお迎えを待ちます。お母さんも「毎回違ったメニューで温かい物が食べられて嬉しいです。けんとも楽しそうですし、私の友達もできました」と、子ども食堂のある木曜日はリフレッシュの日となっている様子でした。子ども食堂で出会った同じ園のひとり親のお母さんと気が合ったようです。これまで出席したことがなかった保護者会の親睦会にも初めて参加し、交友関係を拡げようとしている姿が見られるようになりました。中間評価（モニタリング）の時期が近づいてきたのに先立ち、まき先生はお母さんに最近の様子を聞いてみました。お母さんは「相談に来てから、先生方がけんとを気にかけてくれていることが伝わってきて嬉しいです。急にけんとと2人の生活になったことで追い詰められた気持ちになっていました。でも、もうだめ！って思ったときには園長先生とお話しして一息つけると思うだけで気持ちにゆとりができましたし、『おひさま』を紹介してもらって本当に良かったです。私も友達ができ、煮詰まりそうになったときにLINEをしたり、ひとり親のお母さんから情報をもらったりしてます」と明るく話してくれた。「仕事は条件が合わなくて……」と少し曇った表情になりましたが、「でも、ひとり親家庭支援の担当の鈴木さんに相談をしていて、手当やサービスがいろいろあることを聞いたので心強いです」と笑顔になりました。中間評価（モニ

タリング）の会議では、けんとくんが友達と遊ぶようになってきたこと、「子ども食堂」に毎回参加して、親子のリフレッシュになっていること、お母さんも同じような状況の友人ができ、ひとり親家庭支援の担当者とつながり人間関係も広がってきていることを確認した。状況は落ちついてきているが、ひとり親家庭支援の相談を継続していること、まだ希望の仕事が見つかっていないことから見守りを継続することにして、2カ月後に事後評価（エバリュエーション）を行って状況を確認した後に終結の判断をすることになった。

··

① エンパワメントにつながる支援

　支援の実践の基本姿勢として、保護者自身が本来もっている力を発揮できるよう保護者のエンパワメントにつながる支援を行うことが大切である。お母さんは急に夫と別居することになり、生活のために仕事を掛け持ちしたことで時間に追われ疲弊して余裕がなくなっていたが、本来は前向きな人柄で人とかかわることを求め、けんとくんを大切に思っている。環境の変化に不安を感じているけんとくんに対して担任を中心に園全体で寄り添って心の安定を図り、お母さんには状況の整理をするための相談機関を紹介し、お母さんの負担が軽減し、親子で参加できる「子ども食堂」を紹介した。これらの支援の実践によって、これまで疲弊して孤立していたお母さんが力を発揮するきっかけをつくることができた。

② 長期的見通しと短期的見通し

　子どもと保護者が抱える問題には、早急な対応を必要とする緊急性のある問題と、ある程度時間をかける必要のある問題がある。例えば保護者の急な疾病などは前者にあたり、家族関係の問題などは早急に結論を出すよりある程度時間をかけて話し合う方がよい場合も多い。また、複数の問題を抱える家庭に対しては、課題を整理して優先順位をつけ、今取り組むべき課題を明らかにする支援が有効である。優先順位をつける方法として、保護者の意向や希望を十分に聴き、緊急性のある課題を最優先に、原則は子どもに関する課題を優先に、園でできる支援を実践し、地域や関係機関との連携を検討する。事例においても園内でできる支援の実践として、園全体でけんとくんに対するかかわりを増やし、お母さんが疲れたときには一息つけるような時間をつくる体制を整えた。地域、関係機関の支援から利用できるものを提示して、お母さんの希望を聴き取り、橋渡しをした。1カ月後の中間評価（モニタリング）の段階では、全ての問題は解決していないが、お母さんは気持ちにゆとりができ、親子の関係も改善した。取り組みやすい内容から支援を開始することで好循環が生まれ、さらに良い状況へと向かうのではないかとの期待感をもてることが心理的な安定につながった。

（1）記録の意義

　記録は他者が読むことを想定して事実を客観的に正確に記述することが求められる。保護者とのかかわりは日常のちょっとした挨拶や立ち話であっても相談の形式をとらない支援であることを忘れず、気になる言動や状況を聞き取ったとき、気になる状況が認められた場合は、親子の状況に注意を払い、主任、園長に「報告、連絡、相談」を行い、記録に残す。記録は親子の状況理解と支援を行う際の情報となり、支援者間で情報を共有する際も必要である。カンファレンスのときには支援のプロセスの振り返りの材料となる。誰が読んでも理解できる適切な用語や言い回しを用いる。決まった様式を使用して整理してまとめておくと振り返りが容易である。出来事が起こった直後は記憶が鮮明であるので覚えているつもりでも、時間が経つと記憶が曖昧になっていくため、なるべく記憶の新しいうちに記録に留めることが望ましい。すぐに記録ができない場合は、メモやキーワードだけでも残しておくと記録を書くときに手がかりとなる。また、園の記録は公文書であるため、開示を求められる場合があることも想定しておく。

（2）記録の種類

　記録には三通りの文体がある。
・叙述体：記録者の解釈や説明を加えずに事実だけを記述する。面接場面での会話でのやり取りを記述する方法である「逐語記録」も叙述体に含まれる。
　〈叙述体の例〉

　　しょうくんが登園するなり「お腹が空いた」と話しかけてきた。いつもは元気いっぱいに飛びついてくるしょうくんが今日は元気がない。「朝ごはんは食べたの？」と聞くと、首を横に振った。「朝ごはん食べてないの？」と聞くとうなずいて「食べちゃだめって言われた」と答える。「どうして？」と重ねて尋ねると「僕が悪い子だから」と答えて下を向いてしまった。担任はしょうくんの様子から「お母さんからそう言われているのかもしれない」と考え、降園時に保護者に登園前の様子を聞いてみることとした。

・説明体：事実とその事実に対する解釈や説明、根拠などを加えて記述する方法である。
　〈説明体の例〉

　　しょうくんが登園後すぐに自分から空腹であると話しかけてきた。朝食を

食べたかどうか尋ねたところ、何も食べておらず、食べてはいけないと言われたと答えた。朝食をとっていないためか普段より元気がない。理由を尋ねると自分が悪いから食べさせてもらえないと答えた。保護者の言葉からそう思っていることも予想される。家庭の状況が気がかりであるため降園時に担任が保護者に確認することとした。

・要約体：説明体の要点を整理してまとめる方法である。
〈要約体の例〉

　　登園時、しょうくんが元気のない様子で空腹を訴えた。本人に理由を尋ねたところ朝食をとっていないとのことである。理由を問うと自分が悪いため食べさせてもらえないと答えた。家庭の状況が気がかりであるため降園時に担任が保護者に確認することとした。

（3）記録の方法

　記録の目的に沿って客観的な記録を取るためには、対象の子どもと保護者の状況について、いつ（When）、どこで（Where）、誰が（Who）、何を（What）、なぜ（Why）、どのように（How）の５Ｗ１Ｈを漏らさないことである。日時、頻度などは数量の単位を用い、状況についても可能な限り正確に具体的に記録しておく。次の二つの記録を比較してみよう。「１カ月くらい前にゆうたくんが自宅で大騒ぎしたために父親がしつけと称してゆうたくんを何回も叩いた」の記録と、「〇月〇日（日）午後８時頃、ゆうたくんが食事を作っているお母さんに向かって絵本やおもちゃを投げつけながらアイスが食べたいと泣いて訴えた。父親は泣いているゆうとくんを鎮めようとお尻を軽く平手で２回叩いた。するとゆうとくんはさらに大きな声で泣きだして今度は父親にあたってきたので、父親が怒ってお尻を10回ほど叩いた。翌日の登園時に母親から話があった」の二つの文章を比較すると後者の記録の方が、具体的な状況を読み取ることができることがわかる。さらに、実際に起こった出来事、園で行った対応など事実に関する記述と、事実が確認できていない事柄を明確に書き分ける必要がある。事実が確認できていない場合の書き方として「夕食の時間が遅かったためにゆうとくんは空腹であった可能性がある」「父親はカッとしやすい性格であることが予想される」などのような書き方をする。文書による記録を補う方法として、子どもの体に傷があった場合などは、傷の部位や状態などを図にしておくことも有効である。記録には必ず記録者の氏名を記載する。

事例 3 （pp. 96〜97）を説明体、要約体で記述してみましょう。

〈説明体〉

〈要約体〉

3 カンファレンス

（1）カンファレンスとは

　カンファレンスとは「会議・協議」を意味し、支援者が集まって行う保育の会議や事例検討会を指す。会議の目的に沿って、親子や家庭の課題は改善しているか、新たな課題が出ていないか状況の確認を行い、支援の内容は適切か、新たな支援が必要か、今後の支援方針を検討するための話し合いを行う。園内の職員のみで行う場合と、関係機関と行う場合、スーパーバイザー*1を招いて行う場合があり、定期的に行う場合と必要に応じて開催する場合がある。日々の保育の流れのなかでまとまった時間をとって振り返りをすることは難しく、定期的にカンファレンスを行うことは立ち止まって支援の内容を見直す機会となる。カンファレンスにより、支援による親子の状況の変化を客観的に検討することができ、困難と思える状況に対する支援の糸口を見出したり、関係者間で情報共有をすることで、園からは見えにくい親子の状況を知ることができる。関係機関と日頃から顔の見える関係を築いておくことによりカンファレンスの開催、進行が円滑となる。カンファレンスで研鑽を積むことは支援の質を高めることになり、支援者としての専門性の向上につながる。

（2）カンファレンスの流れ

事前準備

　カンファレンスを開催する際は、複数の候補日と、参加を要請する関係者を決め、遅くとも2〜3週間前には調整を始める。関係者にはカンファレンスの対象と開催の目的、カンファレンス当日の役割などを伝えて出席を依頼する。関係者はそれぞれ通常の業務を調整して出席をするのでゆとりをもって日程調整を行う。当日までに担任などを中心に、家庭の概要と問題の内容と経過、現在の課題などをまとめた資料を作成する。カンファレンスへの参加を求められた場合は子どもと家庭の状況を確認し、記録を振り返って気になる事柄をまとめておくなどの準備を行う。

カンファレンス当日

　カンファレンスは、司会、記録、タイムキーパーなどの役割と終了時刻を決めて実施する。司会者がカンファレンスの目的と家族構成、家庭状況、問題点を整理して検討課題を伝える。次に出席者が親子へのかかわりの状況と、共有すべき情報を報告する。司会者は聞き取った情報と課題を整理して、出席者と共有しな

がらディスカッションの形式によって支援の方針と支援の内容を整理していく。ディスカッションの段階では支援が実施可能かどうかより多方面から多くの支援策をあげる。ある程度ディスカッションが深まったところで、支援方針を決定し、必要度、優先順位、支援の得やすさ、親子の取り組みやすさなどを考慮して具体的な支援内容を決定する。支援内容が決定すると、誰がどのような場面でどのように働きかけるかなど具体的な役割を決定する。終わりに、それまでに出された議論をまとめ、役割分担を確認し、次回の日程を調整する。

カンファレンス記録票			
年　月　日（　）　：　〜			
出席者：			
	氏名	生年月日	ジェノグラム・エコマップ
対象児：			
家族構成：			
家庭状況：			
概要と課題：			
協議内容：		支援方法：	
関係機関	担当者	役割分担：	
次回　年　月　日（　）　：　〜		記録者（　　　　　　　　）	

図9　カンファレンスシート（例）

出所：筆者作成

円滑に進行するために、ホワイトボードなどを用意してカンファレンスの内容を図式化して表記し、出された意見、決定事項などを記入していくと共通理解を得やすい。司会者は、話し合いが目的に沿うように進行し、参加者全員が自由な雰囲気でディスカッションができるように配慮する。

演習問題２

グループで話し合ってみましょう。

　これまでの事例１（p. 78）、事例２（pp. 88〜89）、事例３（pp. 96〜97）の流れをふまえ、けんとくんとお母さんへの支援は適切だったか、次の三つのテーマについて話し合ってみましょう。

・支援計画で立てたねらいは達成できたか

・支援の内容は適切だったか

・今後どのような支援が考えられるか

　注

＊１　スーパーバイザーとは、業務に関するアドバイスや示唆を与える役割を務める者で、業務に熟達した職員、福祉、心理等を専門とする外部の専門家が担うことが多い。

2-4

職員間の連携・協働

 保育所待機児問題への対応の試み

厚生労働省は2019（令和元）年4月1日時点での保育所等の定員や待機児童の状況、および「子育て安心プラン」の1年目の実績と今後3年間の見込みについて公表し、待機児童数は前年比3123人減の1万6772人で調査開始以来過去最少となったことを報じている。この数値は、ここ10年間でおおよそ1万人減少していることを示している。

　こうした背後には、例えば、東京都が2008（平成20）年度から「保育サービス拡充緊急3か年事業」を展開したり、保育ニーズの高まりのなか、国によって大都市における最低基準の緩和が考慮された事情がある。具体的には、行政関係者（都、区市町村）、保育関係者（認可、認証など）、学識経験者、保護者等によって

事業の概況

保育所待機児童問題対策プロジェクトの取組み
①保育所入所申請家庭や認可外保育利用者の実態の把握
②区市町村による独自の取組みの把握
③利用者ニーズに基づく子育て社会資源のあり方に関する提言

東社協保育部会における取組み
①定員拡大に向けた取組みの推進
　・小規模認可園・分園等の設置促進
②保育所待機児童問題対策プロジェクトとの協働
　・提言をふまえた取組みの推進

保育団体と連携した取組み
①定員拡大とともに保育の質の向上を共通の課題とした取組みの推進
　・研修機会の少ない認証保育所の質の向上に向けた取組み、など

図10　保育所待機児問題対策プロジェクトの取組み
出所：東京都社会福祉協議会「保育所待機児童問題への対応」2009、p. 13

「保育所待機児問題対策プロジェクト」を設置し、各々の保育所入所希望家庭の
ニーズ調査を行ったり、待機児問題対策に関する区市町村アンケートの実施、さ
らには「東京における子育て支援のための社会資源整備のあり方」に関する利用
者の視点からの提言が行われてきた。

　加えて、さらなる保育所定員拡大に向けた取り組みとして、①現行制度のなか
での対応可能な取り組みの推進、②現行制度のなかで障壁となっている課題の抽
出、③将来の少子化に対応し得る保育所の整備促進の提案とその実現の推進、な
どの重点化が見られた。

2　保育所待機児問題の課題と「ケアの社会化」

　その一方、待機児問題が解消されていない利用者（保護者）からは、保育所に
入所できないために就労ができない、認可保育所と認証保育所で保育料の額に差
があるなど、日常生活に支障をきたし兼ねない課題の改善が求められている。

　このように、保育や子育て支援など、複雑多様な生活課題に対し、公的な保
育・福祉サービスを中心に対応しようとすると、既存の柱となる制度化された
サービスの利用に留まることになり、そのニーズ充足や問題解決を図るのが難し
くなる。さらに、地域の人々の価値観や生活意識の変化、生活様式の多様化など、
地域共同体がもっているつながりや支え合いが日毎に薄らいできている。「ケア
の社会化」という用語は浸透しているのに、実際面では地域社会の一員として、
地域内でかかわりながらあたり前のように暮らす生活そのものが揺らいでいると
言っても過言ではない。

　「これからの地域福祉のあり方に関する研究会報告書」（厚生労働省援護局地域福
祉課、2008年）によれば、「地域での生活は、親族や友人、近隣などのさまざまな
人びとや多様な社会サービスとの関係で成り立っており、地域の生活課題に対処
するためにはさまざまな関係者が対応することが必要である。その意味で、地域
福祉の目標は、地域においてあるべきネットワークが形成されている、互いに助
け合えるような状態にあることである」と指摘される。つまり、人々が他者への
関心を高め、地域全体への愛着をもつことがこれからの地域共生社会において重
要になってきている。

3　連携・協働とパートナーシップ

　とりわけ、子育て支援の営みにおいては、行政サービスのみや単一の専門機関
の身で行われるものではなく、行政は言うに及ばず、関係機関、NPO・ボラン

ティア団体、一般市民など多様な人々が手と手をとりあって行うことが望まれる。それが「連携・協働」であり、近年、自分たちが暮らす地域の課題を地域住民たち自身で主体的に解決しようとする動きが、保育や福祉の分野でも重要視されてきている。また、こうした動きに呼応し、子ども・子育て関係のNPO団体も増えており、子育て広場の運営など、当事者の視点に立ったとり組みがなされている。なお、こうした地域住民と行政、関係機関などがともに取り組むことが重要であり、お互いがパートナーシップを形成し、とり組んでいこうとする姿勢が求められよう。

　ここで、地域住民と保育所との連携・協働を考えてみよう。子育て支援を巡る連携・協働はなにも行政とNPOとの連携・協働だけではない。保育所、幼稚園をはじめとする保育現場と一般地域住民との協働を実現することも重要な課題である。具体的な事例としては、保育所での地域子育て支援の企画運営にボランティアとして地域住民に入ってもらうことなどがあげられる。さらには地域子育て支援のとり組みの運営をNPOなどに委託する場合もある。いずれにしても、保育所のとり組みを自己完結させるのではなく、地域住民や他機関・団体とも協働でとり組むことで、活動の幅が広がったり、活動内容が豊かになる効果が期待される。

4　保育者とソーシャルワーカーとの連携・協働

　子どもの安全と安心を確保し、護り育てる専門的職種を保育者と捉えると、社会福祉士、精神保健福祉士などの所謂、ソーシャルワーカーは、「社会福祉に関する専門的な知識と技術をもって、身体上、または精神上の障害があったり、もしくは環境上の理由により、日常生活を営むのに支障があったりする人の福祉に関する相談に応じ、助言、指導を行う職種である」と言える。また、近年のソーシャルワーカーは、問題の複合化・多様化に伴い、同業種のみならず、医療関係者や保育関係者などの福祉サービス関係者等と連携し、連絡・調整、援助を行うこ

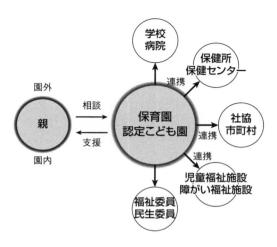

図11　連携・協働とパートナーシップの意義

とが望まれている。

　具体的には、高齢者、身体障害者、知的障害者、児童など援護を必要とする人やその家族に対し、さまざまな相談や助言、指導、援助を行うため、一筋縄ではいかない場合が少なくない。なかでも、社会福祉施設の生活相談員や児童指導員、行政機関における社会福祉主事、児童福祉司、保健・医療機関における医療ソーシャルワーカー（MSW）、社会福祉協議会（社協）の福祉活動指導員や福祉活動専門員などとして、利用者やその家族にかかわる場合が多く、利用者（家族を含む）－援助者－他機関とのスムーズな共通理解や情報共有が求められる。そのためには、できる限り、利用者の立場に立ち、社会福祉に関する情報をわかりやすく説明する一方、利用者自身が主体的に必要なサービスを利用することができるように努めるとともに、関係機関との連絡・調整を図ることが求められる。

 ⑤ 民生委員・児童委員・主任児童委員への期待

　昨今の虐待死事件などの報道が絶えないなか、2004（平成16）年の児童福祉法改正以降、虐待を受けた児童に対する市町村の体制強化を図るため、関係機関が連携を図り、児童虐待等への対応を行う「要保護児童対策地域協議会（子どもを守る地域ネットワーク）」の設置が進められている。ここでは、地域住民はもとより、民生委員・児童委員による虐待事例の早期発見・通告が期待されており、とくに児童相談所や児童養護施設などの関係機関との連携が重視されている。とりわけ、主任児童委員の場合、要保護児童対策地域協議会への積極的な参画や関係機関と地区担当の民生委員・児童委員との連絡調整を行うコーディネート機能が求められている。

　さらに、2007（平成19）年からは「こんにちは赤ちゃん事業」が始まっている。この事業は、生後4カ月までの乳児のいるすべての家庭を保健師・助産師が訪問し、さまざまな不安

図12　ソーシャルワーカーの多様な守備範囲
出所：「社会福祉が活躍する領域」（https://www.kiyosawa.or.jp/column/59284.html/ 2020年10月15日閲覧）をもとに作成

や悩みを聞き、子育て支援に関する情報提供等を行うとともに、親子の心身の状況や養育環境の把握・助言を行うものであり、さらなる支援が必要な家庭に対しては、適切な支援の利用につなげることを目ざすものである。こうした対象家庭と関係機関との連絡調整や、訪問家庭への支援・見守りの継続化が強く望まれている。

6 独立型社会福祉士・臨床心理士・スクールソーシャルワーカーの活躍

少子高齢化の進行や国民の福祉ニーズの多様化に伴う介護保険制度の拡充などにより、将来性が十分なものに、独立型社会福祉士・臨床心理士・スクールソーシャルワーカーなどがある。最近では、これまでの知識と経験を生かし、独立型社会福祉士に転身する人が注目されている。具体的には、2006年と2012年の介護保険制度の大幅な見直しに伴い、地域包括支援センターの必置と地域包括ケアシステムの構築が打ち出され、総合的な相談支援や権利擁護を担うようになった。また、市町村社協などで総合的な相談窓口機能を担うマンパワーとしても期待されている。このほか、2008（平成20）年度より全国の141地域の小・中学校に社会福祉士及び臨床心理士の有資格者がスクールソーシャルワーカー（SSW）として配置されており、不登校・いじめ・暴力行為など、子どもたちのために学校生活を支えたり、モンスターペアレント問題やパワハラ問題など、現場の職員自身

図13　民生委員・児童委員・主任児童委員の活動内容
出所：神奈川県民生委員児童委員協議会「民生委員・児童委員、主任児童委員のご紹介」

をも支援することが期待されている新たな専門職としても注目されている。

このように、近年、多様化・複合化してきている子育て支援においては、もはや保育分野や福祉分野といった単一領域ではカバーしきれない状況になっている。個々の問題ケースや家族関係などにより、どう対応すればいいのかは千差万別である。少なくとも各々の専門職種や専門機関が自らの理解に留まることなく、他職種・他機関への理解や配慮を深め、お互いが尊重し合えるような関係性のなかで、連携・協働が図れることが望ましいと言えよう。

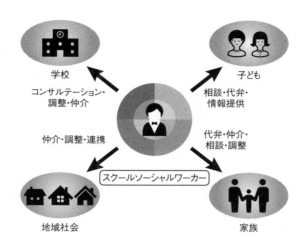

図14　スクールソーシャルワーカーの役割
出所：戸田市立教育センター「スクールソーシャルワーカー」をもとに作成

──
work

　　以下の文章を読んで、保育者、クライエント、観察者の3役を交互に行い（各ロールプレイ8分間、振り返り5分間）、各々の良かった点、良くなかった点（改善点）を指摘し合い、共有しましょう。その際、観察者シート（pp. 111～113）を活用してください。なお、<u>面接場面のロールプレイをする際、以下の事例の内容はクライエント役だけが事前に見ることとし、保育者役、観察者役の人にはロールプレイ終了後に見るように注意してください。</u>

> **事例4**　　**子育てに悩む親の事例**（市役所・児童福祉課）･･････････････

　相談者　中田かおる（女）24歳

1歳6カ月の娘（みなみ）と夫（30歳）との3人暮らし

1年前に夫の転勤で福岡県から東京都に引越ししてきた。

　かおるはアスペルガー症候群（自閉症スペクトラム障害）と高校1年生のときに診断されており、注意力が散漫で、子どもの遊びに長い時間付き合うことができない。

　また、内気な性格で、今まで東京都に来てから地域の人とかかわったことがない。

かかわりたくないわけではないが、インターネットが使える環境ではないため、情報を得る方法がわからない。

　かおるは、慣れない土地で娘と日中二人っきりになる生活が半年続き、ストレスを感じている。

　夫には、単身赴任してもらって、できれば私は福岡に帰りたいと思っている。

　福岡には兄や妹、自分の親が住んでいるので、いつでも話せる人がいるし、昔からの友達もいる。

　誰も私のことをわかってくれない。仕事も続かない。

　夫は毎日22時過ぎに帰ってくる。家事も育児も私が一人で一生懸命にやっているので大変。夫は、手を抜いてもいいよと言ってくれたので、洗濯は3日に1回、夕食はお弁当屋さんで買うようにした。手を抜いてもいいよと言ったからそうしたのに、夫がとても怒っている。なんで怒るのか、その意味がわからない。

　どうしたらいいのかわからないので、市役所の窓口で相談した。

　子育てサロン、児童館などの情報は知らない。

　大学を卒業して、バイト先で知り合ったお客であった今の夫とすぐに結婚したため、就職したことがない。

　かおるの性格としては、私は悪くない。頑張っているのにどうして周りはわかってくれないのかと、若干被害妄想気味である。

・・・

work

観察者シート

観察者氏名 _____

保育者役： _____

1 この面接の良かったところはどのようなところですか。

2 この面接がもう少し良くなるようにするためにはどうしたらいいと思いますか。

3 あなたがわかった範囲で、この面接の相談内容を簡単に書いてください。

観察者シート

◆事例の内容 （　　　　　　　　　　　　　　　　　　　　　　　　　　　　　）
この相談援助場面を観察して思ったことを書いてください。

◆事例の内容 （　　　　　　　　　　　　　　　　　　　　　　　　　　　　　）
この相談援助場面を観察して思ったことを書いてください。

◆事例の内容 （　　　　　　　　　　　　　　　　　　　　　　　　　　　　　）
この相談援助場面を観察して思ったことを書いてください。

相談者（クライエント）を振り返るシート

氏名 _____

1 あなたにとって保育者の相談ののり方はどのように感じましたか。

2 あなたの相談にのってくれた保育者のどのような点が良いと感じましたか。

3 事例を読んで、あなたはどのような相談者になろうと努力しましたか。

2-5 社会資源の活用と自治体・関係機関や専門職との連携

①「児童福祉」から「子ども家庭福祉」へ

　従来の「児童福祉」から「子ども家庭福祉」へと用語が変更されることが多くなってきている。そこには子どもの福祉（子どものウェルビーイング：Well-being）を実現するためには、子どものみに焦点を当てるだけでは難しく、子どもの重要な生活の場である家庭や地域で、子どものウェルビーイングを保障する援助・支援を包括的に行うことが重要であるという考えがある。

　こうした子ども家庭福祉における援助や支援は、保育施策を中心とする子育て支援施策を包含しながら、子ども虐待や障害をもつ子どもなど、さまざまな場面の状況把握、問題対応を行うことが求められる。加えて、一般家庭内で生じやすい子育ての不安や子育ての孤立感、さらには少子化対策にもつながっていく安心・安定した子育てのための援助・支援策の展開が期待される。

② 児童虐待問題への対応と「臨検・捜索」

　児童虐待問題は、子どもの心身の発達及び人格の形成に重大な影響を与えるため、児童虐待の防止に向け、虐待の発生予防から早期発見・早期介入、さらには虐待を受けた子どもの保護・自立支援に至るまでの切れ目のない総合的な支援体制を整備・充実していくことが求められる。

　下図は、児童虐待問題対応の一例を示したものである。児童虐待ケースをいち早く発見できるようにすることが重要である。児童委員や役所に通報する方法もあるが、近年では、「1・8・9」番をダイヤルし、地域名（自治体名）を述べることで、最寄りの児童相談所に転送されるなど、初期動作の早さに改善が見られる。ここでは、民生委員・児童委員、保健所・保健センター、病院、学校、ボランティア団体などの各組織・機関がネットワーク化をはかりながら、情報共

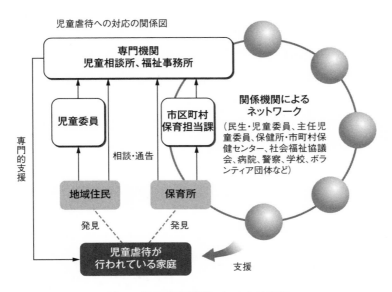

図15　児童虐待問題における対応例

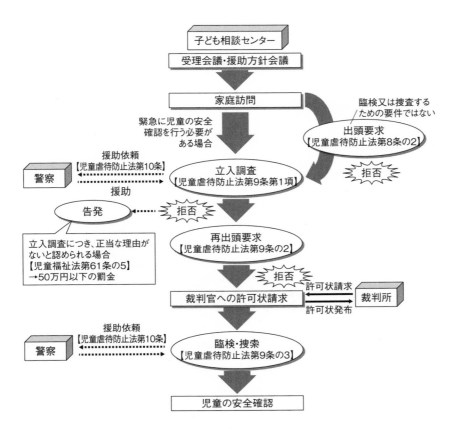

図16　児童の安全確認のためのフロー

出所：「市町村における児童虐待対応の実際」(www.pref.nara.jp/secure/111066/chapter4.pdf　2020年10月15
　　日閲覧) をもとに作成

有・相互支援をしていくことが重要である。さらに、要保護児童対策地域協議会（子どもを守る地域ネットワーク）の機能を強化することも重要である。

　一方、虐待死事件では通報を受けた児童相談所職員が家庭訪問まではしたものの、立入拒否にあい、そこで支援が止まってしまったケースが少なくない。とりわけ、生命の危機など、一刻を争うような場合には、①加害者（親）が立ち入り調査を拒んでいる、②虐待が行われている可能性が高い、③地方裁判所・簡易裁判所などから「許可状」が発行されている（24時間体制、即時発行）の３条件が揃えば、管理人立会いの下、「臨検・捜索」という強硬手段を使って、子どもを家庭内から連れ出すことが可能になっている。「臨検・捜索」では、家の鍵やアームロックを破壊して家庭に入ったり、窓ガラスを取り外して中に入るなど、荒々しい方法がとられるので、できれば警察に応援要請するとよいだろう。

3　児童相談所と要保護児童対策地域協議会
（子どもを守る地域ネットワーク）

　児童相談所は、そもそもその任務、性格に鑑み、都道府県（指定都市を含む）に設置義務が課されている（児福法第12条、第59条の４、地方自治法第156条別表５）。また、2004（平成16）年児童福祉法改正法により、2006（平成18）年４月からは、中核市程度の人口規模(30万人以上）を有する市を念頭に、政令で指定する市（児童相談所設置市）も、児童相談所を設置することができることとされた（児福法第59条の４第１項）。

　また、その職員配置としては、児童福祉司、精神科医、児童心理司等の職員が

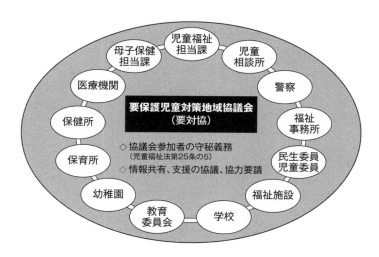

図17　要保護児童対策地域協議会（子どもを守る地域ネットワーク）

出所：別府市「別府市要保護児童対策地域協議会」をもとに作成

配置されているが、定期的な異動により、担当者が入れ替わるため、ケースの引き継ぎやノウハウの蓄積などに課題があるとされる。

　他方、家庭という地域社会内で起こる児童虐待問題では、地域内で個々の家族や子どもをいかに見守るかが重要である。早期発見・早期介入も鍵として、地域の専門職者、関係者が集まる「要保護児童対策地域協議会（子どもを守る地域ネットワーク）」がとりわけ重要である。こうしてみると、児童虐待問題は必ずしも役所児童福祉課や児童相談所のみの業務とは言えず、警察、福祉事務所、各種福祉施設、学校、幼稚園、保育所、保健所、医療機関など、多様な組織・機関の連携が鍵と言える。加えて、こうした多職種の連携を図るためのコーディネート機能を高めることも重要視されており、昨今では研修会実施によりそのスキルの向上が目ざされている。

4　多職種による子育て支援と「地域学校協働活動推進員」

　現在、子育てや保育においても多職種による連携・協働が重要視されている。その背景には、家族構成や子どもの数など、一昔前とは家庭環境が様変わりしている事情がある。また、高度情報化社会では、子どもにおいてバーチャルリアリティ（仮想現実）の体験が増え、自然体験や実体験が極端に減っていることが危惧されている。こうしたことから、「体験の場」「交流の場」「学びの場」などと区分して、協働活動や教育支援活動が注目され始めている。体験の場では木工細工や手芸など、巧みな高齢者から子どもが教わったり、将棋や伝統芸能などを通じ、多世代が世代間交流を図っているケースもある。さらに、学びの場では、放課後のトワイライト事業や土曜教育などの休日において、熟練の高齢者が子どもに教える貴重な機会としてその継続化が望まれる。

図18　多職種による子育て支援の例

出所：富山県「地域における子育て支援」(https://www.pref.toyama.jp/3009/kurashi/kyouiku/kosodate/hp/sasaeru/tiiki.html　2021年5月1日閲覧) をもとに作成

さらに、こうしたとり組みをスムーズに行うためには連絡調整係を必要であり、例えば、「地域学校協働活動推進員」や「地域コーディネーター」などの活躍が求められる。いずれにしても、各家庭のみのミクロ的な視点に終始するのではなく、地域全体をマクロ的な視点から捉え直し、眠っている社会資源（ヒト・もの・情報）はないか、どうすれば機能するのかなどについて、みんなで知恵を出し合っていくことが重要であろう。

　この他にも、子育てサークル、子育てネットワーク、ファミリー・サポート・センター、保育ママ・ベビーシッター、学童保育、子育てサポーター、保健センターなどの多様な子育て支援に関する社会資源を有効に活用することが望まれる。

5　「連携施設」の確保課題

　一方、就学前の子どもに目を向けると、現在、認可保育所などに入れない待機児童を減らす目的で整備されている「小規模保育所」（対象0～2歳）が注目される。NPO法人全国小規模保育協議会は、卒園児が3歳以降に入れる「連携施設」の確保を自治体に義務づけるように政府の子ども・子育て会議に要望している。小規模保育所の事業者には、認可保育所や幼稚園などの「連携施設」の確保が義務づけられているが、確保されていないと、親は再び3歳児以降の預け先を探さなければならないという「3歳の壁」に直面することになる。切れ目のない包括的な子育て支援の法整備と具体的支援が求められよう。

work

　以下の文章を読んで、保育者、クライエント、観察者の3役を交互に行い（各ロールプレイ8分間、振り返り5分間）、各々の良かった点、良くなかった点（改善点）を指摘し合い、共有しましょう。その際、観察者シート（pp. 120～122）を活用してください。なお、面接場面のロールプレイをする際、以下の事例の内容はクライエント役だけが事前に見ることとし、保育者役、観察者役の人にはロールプレイ終了後に見るように注意してください。

事例5　　**子どもを叩いてしまう元被虐待児だった母親**（児童相談所）

　中平妙子（38歳）、夫と2人の子ども（男児4歳・3歳）との4人暮らし。
　長男は幼稚園に通っている。次男は来年から幼稚園に行く予定。男の子2人はとても元気で遊び相手はとても大変。
　子どもにいい大学に行ってほしいし、沢山稼げる仕事についてほしいと思っている。

そのために、お受験をして幼稚園に合格させた。来年は次男も同じ幼稚園に入れたいので、週4回幼稚園受験のための塾に通っている。

　次男は長男よりも自由奔放で、言うことを聞かず集中力もない。

　塾の先生にも「家のしつけも大切ですよ」と言われており、「集中力がつくように途中で投げ出さないようにさせてください」と言われている。

　なんとしても有名私立幼稚園に入れたいので、今は辛くても頑張ってもらわないといけないと考えている。

　しかし、頑張ってほしいと思えば思うほど子どもに辛くあたってしまう自分に最近気づいた。

　何をしても次男は面白そうでないし、こんなことでは幼稚園に合格しないと思うと、余計に腹が立つ。こんなに親が一生懸命なのにもかかわらず、どうして伝わらないのかと思う。

　一日の勉強のノルマが終らないとご飯をあげないと言っていたり、なんでわからないのと子どもを叩いてしまうことがある。

　「お母さんは、塾に行くためにお洋服やレストランに行くのを我慢しているのよ。なのに一生懸命できないのはどうして？」と、子どもに問いただしている自分に気づいた。

　私はかつて、親から同じようにスパルタ教育を受け、自由にならなかった経験がある。

　途中で嫌になり、高校の途中で勝手に中退して家出をした。

　私がしていることは、かつて私が親から受けていたことだと気づいて呆然とした。

　子どもがかわいくないわけではない。だが、気づくと叩いたりしており、このままではエスカレートしてしまうと気づいてどうしようもなくなり、どうしたらいいかわからなくなって、児童相談所に相談に来た。

・・

work

▲

観察者シート

観察者氏名 _____

保育者役：_____

1 この面接の良かったところはどのようなところですか。

2 この面接がもう少し良くなるようにするためにはどうしたらいいと思いますか。

3 あなたがわかった範囲で、この面接の相談内容を簡単に書いてください。

観察者シート

◆事例の内容 （　　　　　　　　　　　　　　　　　　　　　　　　　）
この相談援助場面を観察して思ったことを書いてください。

◆事例の内容 （　　　　　　　　　　　　　　　　　　　　　　　　　）
この相談援助場面を観察して思ったことを書いてください。

◆事例の内容 （　　　　　　　　　　　　　　　　　　　　　　　　　）
この相談援助場面を観察して思ったことを書いてください。

相談者（クライエント）を振り返るシート

氏名 _____

1　あなたにとって保育者の相談ののり方はどのように感じましたか。

2　あなたの相談にのってくれた保育者のどのような点が良いと感じましたか。

3　事例を読んで、あなたはどのような相談者になろうと努力しましたか。

2-6

地域包括ケアと
地域福祉の担い手としての自覚

支え合う地域とは？

　子育てとは、単に、子どもを産んだ親の責任ということのみならず、次世代や次の地域社会を担う子どもたちを養い育てるという意味もあるため、社会全体で支え合いながら行うことが重要とされている。

　しかしながら、言葉だけのきれいごとではなく、実際に、子育て支援の場に参加する人はどれぐらいいるだろうか。理念的には社会全体での取り組みが望まれるが、実際にはすべての人々がということは不可能である。そこで、まずは小さい単位でもいいので、新たな関係性を拡げていく努力が求められるであろう。そのためには、今まさに子育ての真っ最中という親だけではなく、子育てが一段落した人や一般地域住民も参画しやすいイベントや催しを用意することも必要である。少子化傾向が進むなか、保育所・幼稚園を卒園していった親子や貴重な社会資源である。みんなが主体者として参加できるしかけを用意したり、率直に意見交換できる場を設ける、さらには相互保育（預かり合い）なども重要である。さまざまな配慮をしながら、同年齢や異年齢の子どもとのかかわりの場面を増やす工夫をしていきたい。

まずは支えられること

　「助けてと言えない」ことが現代人の特徴であるといわれている。あるいは、それ以前にそもそもそうした関係になるまでの人と人との交流が少なくなってきているのかもしれない。確かに、「人に迷惑はかけられない」とか「子育ては親の責任」などという考え方はあるが、極端にこう思い過ぎてしまうと、負担のみが増大してしまう。そこで、素直に「助けてほしい」「支えてほしい」といえるような地域環境をつくっていくことが大切である。一度助けられたり、相談に

のってもらうと、この経験がどれほど救われたのかを実感することができ、次には支援者側にまわりやすくなる。まずは一度、他人に支えられるということから始めてもいいのかもしれない。それが「相互支援」の第一歩となるであろう。

③ 地域包括ケアシステム

　子育て支援は、子どもの育ちから始まって、家族問題や地域問題、さらには人権問題など幅広く総合的なものといえる。そこで、子育て支援の専門性を考える際も、自ずと幅広く捉える必要があり、地域包括的視点から、さまざまな知識、理解、経験が求められる。**図19**では、「本人・家族の選択と心構え」を基盤としながら、生活支援・福祉サービスを享受しながらどのような暮らしを目指すのかが基本線である。必ずしも医療・看護・介護・保健のみならず、ここに保育・幼児教育なども組み込み、多世代交流のあり方がさらに検討されなくてはならないであろう。加えて、そこには人間関係にとって最も基礎となる人と人との感情の交流があり、その土台になる子育てに対する思いを重視する必要がある。

　それでは、その土台となる子育てに対する思いとは具体的にどのようなものであろうか。例えば、「一人ひとりへの温かい眼差しをもつこと」「子ども、親の側の立場に立って考えること」「人と人とのつながりを大切にすること」「これまでの生活や苦労を推し量ること」「個々の独自性や性格を理解し、尊重すること」「目前の課題のみならず、潜在化しているものにも目を向けようとすること」「いついかなる場合でも冷静に判断しようとすること」などなどがあげられる。かりに、相談援助では一対一の場面が多いとしても、相談者にとってさらに適切なサービスや援助がある場合、そこにつなげていく、あるいは協働で援助していくなどさまざまなアプローチを展開する「ケースマネージメント」も重要である。

図19　地域包括ケアの基本構造
出所：松田晋哉『地域包括ケアシステム構築のための介護医療院への転換事例』2019、p. 763をもとに作成

4 地域福祉の担い手

　このように見てくると、子育て支援や地域福祉の担い手は、地域住民すべてと言っても過言ではない。問題は地域住民一人ひとりの自覚である。ここでは、保育や介護など、身近な問題のみに着目するのではなく、相談者（クライエント）自身がもっている力や長所に着目し、その力を拡大することで、課題解決を図ろうとすることが重要である。一方、当然ながら支援者側である担い手自身にも日々の研鑽やスキルアップのための努力も欠かせない。

　図20では、「自助」「共助」「公助」による新たな支え合いを展開することで、住民と行政との協働による「新しい福祉」の創造が目ざされている。ここでは「自助」と「共助」とをつなぐ「早期発見」や「共助」と「公助」をつなぐ専門的サービスの橋渡しが鍵となる。いずれにせよ、援助者は直接的・間接的を問わず、相談者本人の力の発揮への援助が求められ（エンパワメント）、こうした丁寧な取り組みが地域社会の活性化の底力となっていくだろう。

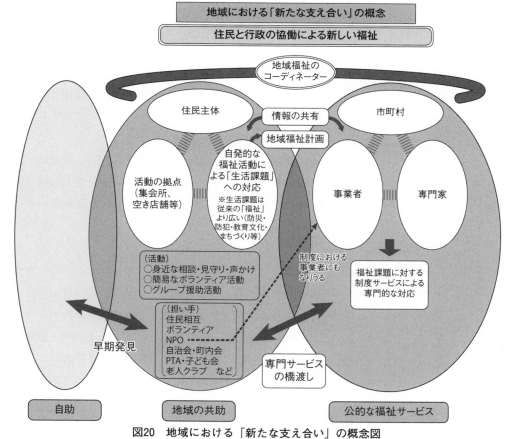

図20　地域における「新たな支え合い」の概念図

出所：厚生労働省「これからの地域福祉のあり方に関する研究会報告書　イメージ図」2008年をもとに作成

新たな動き
―――シェアリングエコノミー（共有型経済）の推進

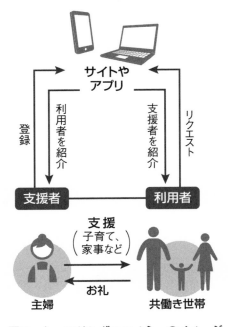

図21　シェアリングエコノミーのイメージ
出所：健美家「国税庁が全国の国税局に新たなプロジェクトチームを設置！シェアリングエコノミー等の進展に対応」（https://www.kenbiya.com/ar/ns/tax/t_other/3718.html 2020年10月15日閲覧）をもとに作成

近年、主婦が空き時間に共働き世帯の家事や育児を代行したり、空き家をサークル活動などに貸し出したりといったシェアリングエコノミー（共有型経済）が注目され始めている。人口減少や厳しい国の財政事情から行政サービスの維持が難しくなるなか、埋もれた人材や施設を地域ぐるみで活用しようという新たな動きが出てきている。

共有型経済でどんなサービスを行うかは、各地域の課題解決を目的に法令に違反しない範囲で各自治体が決めることになっている。具体的には、家事や育児の手伝いが必要な家庭と、支援を希望する住民を自治体が仲介する仕組みが想定される。その他、空き家や空き店舗を所有者がサークル活動の場や民泊先などとして利用を広げるのを支援したり、過疎地で自家用車による有償運送の許可を受けた団体と、移動手段を探している人たちをつないだりすることも考えられる。

こうしたとり組みは、全国に広がりつつあり、秋田県湯沢市、千葉県、静岡県浜松市、長崎県島原市、佐賀県多久市などで展開されている。とりわけ、秋田県湯沢市では、時間に余裕のある主婦が子育て世帯の子どもを預かるサービスを行っており注目されよう。

以下の文章を読んで、保育者、クライエント、観察者の3役を交互に行い（各ロールプレイ8分間、振り返り5分間）、各々の良かった点、良くなかった点（改善点）を指摘し合い、共有しましょう。その際、観察者シート（pp. 128～130）を活用してください。なお、<u>面接場面のロールプレイをする際、以下の事例の内容はクライエント役だけが事前に見ることとし、保育者役、観察者役の人にはロールプレイ終了後に見るように注意してください。</u>

　**軽度知的障害のある母親の養育能力について
不安のある義母からの相談**・・・

相談者：峰　睦子（65）

　うちの息子（峰　陽介（35））は3年前に結婚し、昨年子どもが生まれた。

　息子の嫁は、軽度の知的障害があり、育児が一人でできているのか不安がある。

　保健師さんが息子夫婦の家に時々訪問しているようであるが、子どもの体重が増えていないとか、子どものミルクがうまく飲ませられていないとか、いろいろな情報を息子が言って来る。

　この前、息子の家に行ったとき、嫁の春香（32）と話をしたのだが、うまくミルクを飲ませられないというのは、何時間おきに飲ませるのかを忘れてしまったり、泣いている子どもの理由がわからないなどと言っていた。

　子どもは現在5カ月。女児で、紅音（あかね）という。

　私は、体が弱いので息子たちの育児を手伝うのはなかなか難しい。どうしたらよいものか。

・・・

work

観察者シート

観察者氏名 _____

保育者役： _____

1 この面接の良かったところはどのようなところですか。

2 この面接がもう少し良くなるようにするためにはどうしたらいいと思いますか。

3 あなたがわかった範囲で、この面接の相談内容を簡単に書いてください。

観察者シート

◆事例の内容 （　　　　　　　　　　　　　　　　　　　　　　　　　　）

この相談援助場面を観察して思ったことを書いてください。

◆事例の内容 （　　　　　　　　　　　　　　　　　　　　　　　　　　）

この相談援助場面を観察して思ったことを書いてください。

◆事例の内容 （　　　　　　　　　　　　　　　　　　　　　　　　　　）

この相談援助場面を観察して思ったことを書いてください。

相談者（クライエント）を振り返るシート

氏名 _____

1　あなたにとって保育者の相談ののり方はどのように感じましたか。

2　あなたの相談にのってくれた保育者のどのような点が良いと感じましたか。

3　事例を読んで、あなたはどのような相談者になろうと努力しましたか。

コラム
3

リズムロード水戸

　"親子音楽遊びで子育て支援"というと、少し不思議な感じがするだろうか。音楽療法と子育て支援が結びつくという発想は一般的ではないかもしれないが、それを実践しているところがある。音楽療法の視点を活かした親子音楽遊びで子育て支援をするNPO法人リズムロード水戸の実践である。市民センターや地域の保健推進員さんともコラボしながら進め、"地域の子育てコミュニティ"をつくることに貢献している。この実践が始まってからは、「子育て仲間ができて、よかった」「道端で出会う人にも知り合いが増えた」等、地域のつながりを感じられる感想が聞かれるようになった。また、参加者だった母親が、後に子育て支援のスタッフにもなっており、次

の子育て世代へと想いがつながっている。
　ここでは音楽技術の向上を目指しているわけではなく、子育ての生活が豊かに広がっていくよう、音楽が療法的に活用される。音楽の形が先にあるのではなく、子どもに合わせて、音楽が展開される。大人は子どもの発するリズムなどに耳を傾け、一緒に音楽を作り、親子一緒に楽しい経験、認められる経験、人とつながる経験等を非日常の空間のなかで体験する。子育てを楽しめるようにと音楽遊びの内容が考えられており、親子のふれあい遊びでスキンシップを楽しんだり、心地よい音の響きを感じて親子でリラックスしたりする光景が見られる。

　子育てが難しいといわれている時代に、親子の関係支援に音楽を療法的に活用するという実践は、新しい試みである。音楽は活用の仕方によっては、子どもどうしを取りもつことにもなり、特別な支援が必要な子どもが"共に楽しめる遊び"にも発展している。
（お話を伺った人：NPO法人リズムロード水戸代表・音楽療法士　馬立明美さん）

小平市子ども家庭支援センター

子ども家庭支援センターは、東京都の特別区と市町村に設置されている子どもと家庭に関する総合相談窓口で、18歳までの子ども家庭に関する相談、子育て支援サービスの調整・提供、情報提供、保護者の交流支援、子育てサークルや地域ボランティアの育成を行っている。さらに児童相談所と連携して児童虐待に対応する。

子育て交流広場

小平市の子ども家庭支援センターは、小平市からの指定管理者制度により社会福祉法人雲柱社が運営を行っている。「子育て交流広場」「子ども家庭相談」「心理発達相談」「ティーンズ相談室ユッカ」を運営し、児童虐待の通告窓口を担っている（児童虐待に関する詳細は、3-5〔p. 180～〕参照）。「子育て交流広場」は乳幼児の子どもと保護者がいつでも好きなときに立ち寄り自由に過ごすことができる親子のためのスペースである。3歳くらいまでの子どもが年齢に合ったおもちゃで安全に楽しく遊べるよう配慮されており、親たちは子どもを遊ばせながら、おしゃべりや子育ての情報交

「ティーンズ相談室 ユッカ」

換をする。親子にとって出会いの場であり、交流を深める場でもある。保育士などの資格をもつスタッフが常駐し、親子が心地よく安心して過ごせるように気を配る。おしゃべりのなかから気軽な形で相談を受け、問題が小さいうちに親の不安を解消し、親どうしをつなげて孤独感を解消する。親子遊びのプログラム、子育て講座の企画なども行う。「子ども家庭相談」は、社会福祉士の資格をもつ職員が、相談者に寄り添って話を聴き、困りごとに対する課題の整理を行い、必要な社会資源を紹介する。「心理発達相談」は、心理発達を専門とする心理士の職員が、子どもの発達のアセスメントと、親の子育ての葛藤や負担感を軽減するための気持ちの整理を行う。プライバシーに配慮して個室で話ができる。「ティーンズ相談室 ユッカ」は、中学生・高校生の悩みや戸惑いに寄り添う相談室であり居場所である。ユッカは別名「青年の木」といい、中学生・高校生がユッカの木のように大きく育つよう支援する。

「子育て交流広場」では職員の他に地域のボランティアが親子の育ちを支えている。ボランティアとして活動している大学生もいて、定期的にまたは夏休みなどの期間を利用して親子と触れ合っている。地域の親子の日常の様子を知り、親の心情に触れることで、学校の授業や実習では得られない学びの機会となっている。

1　子供家庭支援センター東京都福祉保健局　https://www.fukushihoken.metro.tokyo. lg.jp/kodomo/kosodate/ouen_navi/center.html

2　小平市子ども家庭支援センター（社会福祉法人 雲柱社）　https://fukushi.unchusha.com/kodomokatei_kodaira/toppage.html

第 **3** 章

保育者の行う
子育て支援とその実際

3-1

保育所等における支援

保育所等が行う子育て支援

　保育所等が行う子育て支援の対象として「保育所保育指針／第1章　総則／1－1保育所の役割」には「ウ　保育所は、入所する子どもを保育するとともに、家庭や地域のさまざまな社会資源との連携を図りながら、入所する子どもの保護者に対する支援及び地域の子育て家庭に対する支援等を行う役割を担うものである」[1]と示されている。つまり、保育所等が担う子育て支援は入所している子どもの保護者だけではなく、広く地域の子育て家庭も対象としている、ということである。子育て支援を行うにあたってその施設のもつ特性や保育者の専門性をどのようなかたちで生かしていくか、あるいは効果的に生かしていくにはどのようなあり方が望ましいのか、入所している子どもの保護者と地域の子育て家庭との両方の視点から考えていく必要がある。

 1 保護者支援の環境構成

（1）保育所等における子育て支援の基本的事項

　子育て支援の環境構成について考えるにあたり、保育所等で行う子育て支援の基本となる考え方について整理しておく。

　児童福祉法第18条の4では、保育士の業務の一つに「児童の保護者に対する保育に関する指導」を定めている。この指導について「保育所保育指針解説」では「子どもの保護者に対する保育に関する指導とは、保護者が支援を求めている子育ての問題や課題に対して、保護者の気持ちを受け止めつつ行われる、子育てに関する相談、助言、行動見本の提示その他の援助業務の総体を指す」[2]としている。また、そのあり方として、「子どもの保育に関する専門性を有する保育士が、各家

庭において安定した親子関係が築かれ、保護者の養育力の向上につながることを目指して、保育の専門的知識・技術を背景として行うものである」[2]と示している。

　保育所保育指針が示す保護者に対する保育に関する指導とは、保護者の抱える問題や課題について、そのありのままを受容して話を聴き、必要に応じてアドバイスをするといった「寄り添い型」の相談、助言による援助であり、専門性をもつ保育者が子育てのモデルを提示することなどで側面から支えるものであって、保育者が保育について何かを“教える”行為ではないということである。保育所等が行う子育て支援が目的とするところは、保育者のもつ知識や技術、専門性が親子関係の安定と保護者自身の“育てる力”の向上に資することであり、その特徴は、保育と密接にかかわりながら展開され決して保育の営みから離れるものではないという点にある。何よりも「子どもの最善の利益」つまり、“子どものいちばんの幸せ”のために行われるべきものである、ということを認識する必要がある。

　そして、保育所等が子育て支援においてもつべき視点は、子どもの育ちの姿を保護者に伝えることによってその成長を共に喜び合い、愛情を分かち合うことを大切にする、という視点である。保護者にとってわが子の成長を一緒に喜んでくれる、かわいらしさをたくさん見つけて共有してくれる人がいるというのは何より嬉しいことであろう。しかも、地域のなかで子育て家庭が減少している今だからこそ、身近にそうした人々が存在することの重要性が増していると言える。他人と共有することによって子どもの育ちや愛情を再認識するということは、保護者の子育てに対する自己肯定感の高まりと、「子育ては楽しい」「子どもがかわいい」といった子育ての喜びや楽しさの発見につながる。子どもの姿を保護者に伝えることによって成長の喜びや愛情を分かち合う、という保育所等における子育て支援のあり方は、保育を通じて子どもの育ちの姿を捉えることができる施設であるからこそ可能な支援と言えよう。保育所等が行う子育て支援の基本的な考え方を念頭に置いたうえで、保育所等に入所している子どもの保護者と、地域の子育て家庭それぞれについて子育て支援の環境構成を考えることが求められる。

（2）保育所等が行う子育て支援の環境

　保育所等における子育て支援の環境について、「人」「物」「場」という側面から考えていきたい。

「人」

　保育所等は日々子どもが保護者と一緒に通い、日中を集団で生活する施設であるため、常に「子ども」と「保育者」、ときに「保護者」が存在している。さら

にそこには子どもどうし、子どもと保育者、保育者どうし、保育者と保護者、保護者どうしなどの複数の関係性が結ばれている。保護者が、子どもどうしのかかわりや子どもと保育者とのかかわりに触れることは、子育てや子どもの育ちに関する新たな視点の獲得につながる。他の子どもを見ることでわが子を客観的に捉えられるようになるかもしれない。子育ての苦労や悩みを共有できる保護者どうしの関係性は、その孤立感や閉塞感からの解放を促してくれるものである。そして、保育者とのかかわりは、子どもの育ちや愛情を分かち合い、子育てに関する相談や悩みを受け止めてくれる拠り所となるであろう。こうした保育所等における「人」とその関係性は保育の営みを介したものである、という点について理解することが重要である。

「物」

保育所等は環境を通して養護及び教育を一体的に行うことを特性とするものであり、そのため子どもの保育にふさわしい設備が整えられている。さらにそこにいる保育士や栄養士、看護師等の職員はそれぞれ知識や技術、専門性を携えてそれに裏づけられた保育を行っている。そしてその保育こそが、保護者にとって子育てのモデルとなるものである。こうした保育所等の設備、保育者のもつ知識・技術や専門性、保育という子育てのモデルなどが常に存在していることは保育所等のもつ大きな強みであると言える。

「場」

保育所等はそこに通う子どもを日々保育するため、継続的に子どもの発達過程を見守ることができるうえ、家庭生活と集団生活との連続性のなかで子どもの姿を捉えることができる。また、それぞれの知識・技術、専門性をもった保育士や栄養士、看護師等の専門職が常に配置されている。さらには保護者との関係性、地域の関係機関や社会資源との連携などといったネットワークをすでにもっているものである。こうした「場」の特徴を生かして子育て支援を行っていく。

（3）子育て支援の環境づくり

これらの保育所等がもつ環境の特性をどのように子育て支援に生かしていけばよいのだろうか。この点について、保育所等を利用している子どもの保護者と、地域の子育て家庭との両面について考えていく。

保育所等を利用している保護者に対して

保育所等を利用している保護者とは日常的なやりとりができるという強みを生

かした子育て支援の環境をつくる。その例が送迎時における直接的な対話や連絡ノートなど記録の活用であろう。

　集団生活のなかでのほんの小さなエピソードでも、育ちを垣間見た瞬間やかわいいと感じた出来事など、一人ひとりがきらりと輝いた姿を伝えるように意識することが大切である。なぜなら、これらは保育者は捉えられるが保護者が見られない姿であり、そしてもう二度と戻ってこない瞬間だからである。保育者は、子どもと共に生活をしているからこそ見ることができるかけがえのない姿を保育のなかで捉えていること、それを保護者は見られないことを意識し、保護者が子育てに楽しさや喜びを見いだせるような一瞬を子ども一人ひとりについて捉えられる力を身に付け、高めていかなければならない。

　さらに、ノートなどの記録はそのときの子どもの姿がその後も残るものである。以下は、1歳児クラスから2歳児クラスに進級する子どもの保護者が連絡ノートのやりとりが終わる日に書いた記録の一部である。

事例1　このノート、いつかまた……

　今日でこの保育日誌も最後になります。先生方からの返信を毎日楽しみにしていたので、これがなくなるとさみしくなりますね。1年間、毎日毎日、とても丁寧に子どもの様子を伝えてくださってありがとうございました。

　入園当初は、不安な気持ちで、心配事ばかりこのノートに書いていました。今では、この子の楽しい話を報告するノートになっていました。

　このノート、ずうっと大事にとっておいて、この子が読めるようになったら、思春期で悩んだら、または、この子にも子どもができたら、一緒に見返したいと思います。

　今行っている子育て支援はこれから先の保護者の子育てをも支えているのである。

　行事、保育参観や保育参加などでは、まさに保育者が保育の実践そのものを示しているわけであり、保護者はそこに子育てのモデルやヒントを発見し、自らの"育てる力"を高めていくのである。また、日常のやりとりにおいて保護者の求める支援に合わせて子育てのモデルやヒントを提示することも可能である。保育所等を利用している保護者に対する支援については、日常のなかにあるさまざまな機会を生かして保護者の支援につなげる意識をもつことが必要である。

地域の子育て家庭に対して

地域の子育て家庭は日常的に保育所等を利用しているわけではない、ということからイベントへの参加、子育て相談、一時保育などといったかたちで行う子育て支援が主となるものであろう。イベントとして例えば、園庭開放、お祭りや運動会などの行事への参加、保育体験、子育て広場などが考えられる。

地域の子育て家庭にとって保育所等は、専門職がいつでも配置されている最も身近な施設であるということ、常に子どもがいて保育が行われている場であること、子育てにふさわしい設備があり子育てに関するネットワークをもった施設であるということなど、その特性の意義は大きい。しかし、誰でも最初に施設を訪れ、イベントに参加するときには勇気がいるものである。

はじめて利用しようと思っている保護者が「行ってみよう」と思える場はどのような環境であることが望ましいのか。それは第一に、地域に開かれた場である、ということである。「あそこの保育園は何をやっているかまったくわからない」という施設に訪れようと思うだろうか。やはり、施設の様子やどのような保育を行っているのかということについて見えている方が安心して訪問できるものである。保育所等が地域に対し、保育の内容について説明するよう努めることが求められているのはこのためである。待っているだけでは子育て支援にはならず、最も支援を必要としている家庭ほど支援から遠い、ということを認識して、すすんで地域の子育て家庭に働きかける開かれた場としての環境づくりが重要である。

第二に、親子を温かく迎え入れてくれる場である、ということである。保育所等には知識や技術を有する専門職がおり、子育てのモデルがある最も身近な施設であるという点で、子育てに関する悩みや困難を抱える保護者に対して相談等の援助を行うことが求められている。支えが必要となったとき、苦しみを受け止めてくれる人が必要となったとき、「そこにいつでも開かれている」という場所があり、さらにそこが温かく迎え入れてくれる環境であることは、苦悩を抱えている保護者にとって大きな支えとなる。いつでも開かれた温かい場所があるという安心感は保護者自身のもつ力を強めるものである。

work

子育て支援の環境づくり　〜保育所等を利用する保護者〜

事例2　　**はじめての懇談会**‥‥‥‥‥‥‥‥‥‥‥‥‥‥‥‥‥‥‥‥‥

今日は新年度になってクラスで担任と保護者が集まる第一回目の懇談会である。保護者全員が初めて顔を合わせるため、お互いに知り合いはいない。担任

は全員の保護者に子どものかわいい話などを話してもらおうと思っている。

あなたが担任なら、保護者が発言しやすくし、楽しく気さくな雰囲気のなかで会を進めるためにどんな工夫をしますか？

work

保育者と保護者あるいは保護者どうしの関係性がまだ構築できていない状況において、保護者自ら発言することはなかなか難しいものである。こうした場合は保育者がコーディネーターとなって、保護者が発言しやすいように進行していくことが求められる。保育者が指名してもよいのだが、保護者自らより能動的に参加できるようにするために、レクリエーションの要素を取り入れるのも有効である。例えば、保育者が提示したいくつかのテーマについて話してもらう場合、箱の中に話のテーマをを書いた紙を入れて、それを保護者がくじ引きのようにひいていく、あるいは話のテーマが各面に書いてある大きなさいころを振って出たテーマの内容について話してもらうなど、柔軟な視点で楽しい雰囲気づくりを工夫していく。

2 保護者への連絡

子どもや保育を介して子育て支援を行うことを特徴とし、保護者と育ちの喜びや子どもへの愛情を分かち合うことを重視する保育所等の子育て支援においては保護者との対話、コミュニケーションのあり方が重要となる。そのあり方次第で保護者との信頼関係は一層深まりもするが、たった一つのことで築き上げてきたすべてが壊れてしまうこともある。保護者に何かを伝える際は状況に合わせた配慮と留意が必要であり、そのためには相手の気持ちを理解する力が求められる。

（1）保護者に伝えるとき

保育における子どもの姿

送迎時の対話や連絡ノートなどによってその日の子どもの育ちやかわいい姿を伝えることは保護者の安心感や喜びにつながるものであり、子育ての意欲を高める大

切な支援の一つである。伝える際には今日は何をやったか、という活動の内容だけではなく、子どもの姿を具体的に伝える意識をもつことが大切である。そのためには、一日の活動のなかで一人ひとりの子どもの育ちやかわいい姿などを捉えようとする視点を磨かなければならない。

　しかし、担任であれば保育者が実際に捉えた姿をそのまま伝えることができるが、多くの保育所等の保育者はシフト勤務を行っているため、保護者のお迎え時間によっては担任以外の保育者が対応する場合もある。日中の活動に直接かかわっていない保育者が子どもの姿を伝えるにはどうすればよいのか。そこに必要なのは保育者間の情報共有である。しかし、子ども一人ひとりの姿に関する具体的な内容について引き継ぎを行うことは丁寧ではあるが、相応の時間を確保するのは困難であろう。そうしたとき、一人ひとりの子どもの姿といった活動のなかの小さなひとコマを共有するために有効なのは、休憩時に保育者どうしでその日の保育の様子を語り合うなどといった取り組みである。例えば、「今日、園庭で遊んでいたら○○ちゃんがこんなことをしていた」「おままごとで○○くんと△△ちゃんがこんなやりとりをしていた」など、子どもの様子について保育者どうしで語り合い、そのなかに子どもの育ちやかわいい姿を見つけるのである。それを「今日はこんなことがあったようです」などと保護者に伝える。担任からではないからこそ一層、「こんなにたくさんの保育者に見てもらっている」「園全体で保育してくれている」という安心感につながるであろう。

　日々の子どもの姿を伝えるにあたっては、その内容に留意しなければならない。もし、否定的なことやマイナス面ばかりを伝えられたとしたらどのような感情を抱くであろうか。わが子について負の側面ばかりが目につくようになり、子育てに対する自信を失ってしまうであろう。「全然、いい所を見てくれていない」など、保育者への不信感につながってしまうかもしれない。保護者が「子どもを育ててよかった」と思える、わが子への愛情を再確認できるようなプラスの側面を伝えることが大切である。どうしても気になったことを伝えなければならないときも、必ずプラス面を伝える話を付け加える。子育て支援は保護者が子育ての楽しさを感じ、養育力の向上につなげることを目指すものであるということを忘れてはならない。

怪我や体調の変化

　保育を行う中での子どもの怪我や、援助のミスによる体調の変化などはないことが望ましいが、特に怪我などは子どもが集団生活をする場であるという点から、避けられないこともある。保育中に怪我等が起きた場合、当然、保護者に伝える必要がある。

事例3　　ほんの小さな虫刺されが……・・・・・・・・・・・・・・・・・・・・・・・・・・・・・・・・・・・・・・

　ある日、２歳児のゆみちゃんが午前中に砂場で遊んでいたときにまぶたの上を蚊に刺されてしまった。はじめは"ポツ"っと小さな赤い点ができているくらいだったのでそのまま様子を見ていたのだが、午睡から目覚めると明らかに先ほどより腫れてきているように見えた。しかし、「蚊に刺されただけだし、まだ保護者に連絡をするほどでもない」という認識から、保護者への電話連絡は行わなかった。

　ところが、その後ますます腫れはひどくなり、夕方には目が開かなくなる程になってしまった。さすがに電話連絡が必要と判断し、園長に「ゆみちゃんがまぶたを蚊に刺されて腫れてしまったので、お母様に連絡します」と口頭で伝えた上で母親に電話連絡を行った。「ゆみちゃんが午前中、まぶたの上を蚊に刺されてしまって様子を見ていたのですが、だんだん腫れてきてパンチを受けたようになってしまって……。様子だけお伝えするためにご連絡しました」と、伝えたが、この時点でもうお迎えの時刻が迫っていた。

　まもなくお迎えにきた母親はゆみちゃんの顔を見るなり、「なんですか、これは！　こんなにひどくなっているなんて」と絶句し、動揺した様子でそのまま降園した。

　後日、両親が「虫刺されの対応について園長先生に話を聞きたい」と、面談を申し出た。母親は「あんなになるまで放っておかれたことがとてもショックだった」と泣きながら話し、父親は「一体、どのような連絡体制になっているのか説明してほしい」と訴えた。

・・

　この対応のどこに問題があったのか、グループで話し合ってみましょう。

　保育所等で起きた怪我等はすぐに保護者に連絡をすることである。特に、頭部に関するものは怪我の程度にかかわらず連絡をしなければならない。連絡する前には必ず園長、主任に状態を見せながら報告することが必要である。保護者に伝える際には「どこで」「どのように」「どのような状態か」を丁寧にわかりやすく

説明し、あわせて処置と今後の対応についても伝える。

　怪我等の理由で保護者に連絡した内容については全ての職員に周知することが大切である。そしてお迎えのときに再度、謝罪をした上で丁寧に報告を行うようにする。担任が対応できない場合は、担当職員にしっかりと引き継ぎを行う。

　保育所等で起きた怪我等は基本的に施設側の責任であると考え、たとえ子どもが起こしたものでも子どもに原因がある、と伝えないように意識しなければならない。

　どのような場合に保護者に連絡をするかという判断について迷うことがあるが、"大事なわが子を預けている" という保護者の立場に立って考えれば、保育者にとっては「この程度」であっても、保護者には「こんなに」と思われることかもしれないと認識する。「なぜ、連絡をくれなかったのか」という不信感を抱かせてしまった後に施設側が連絡しなかった理由をどれだけ述べたとしても、それは言い訳にしかならないのである。「連絡をして "し過ぎる" ことはない」「怪我の状況を見た保護者が『この程度か』と思うのであれば、そのほうがいい」と考える。

　怪我等の連絡についても、保護者の気持ちを理解して対応することが求められる。

伝達事項

　保育所等では、保育活動に使用するものや季節の変化に応じた洋服、用意してほしいものなどについて保護者に伝達することがある。あるいは、感染症が発生したときや、保育所等の運営に関する内容で知らせる必要性が生じたときも伝達しなければならない。

　この際、留意すべきなのは職員間の周知を徹底する、ということである。「先生によって言っている内容が違う」という対応では保護者は混乱する上、不信感へとつながってしまう。保育者が起こしてしまった伝達ミスが小さな内容と思われても、保護者は子どもに違う対応をしてしまったとき、「子どもに嫌な思いをさせてしまった」と捉えるものである。感染症や保育所等の運営などにかかわる内容であれば、保護者の混乱と不安はなおさらである。

　保育者は、預けながらわが子を想う保護者の立場に立って確実に、丁寧に伝達を行う意識をもつことが大切である。

（2）伝える方法

口頭

　保護者に伝える方法として最も日常的に用いられる方法の一つが保護者との直接の対話、つまり口頭で伝える、ということであろう。

直接的な対話で伝えることの長所は、互いに顔と顔を合わせるため、表情や態度といったいわゆるノンバーバルコミュニケーション（非言語的コミュニケーション）が生かされる、という点にあるだろう。保護者に子どもの姿を伝える際も表情や身振り手振りが加わることで内容や双方の気持ちが伝わりやすくなり、喜びや楽しさを共有できたという思いが強まる。また、誠実さ、丁寧さが求められる怪我等の謝罪や状況説明は直接、対面で伝えるべきものである。

しかし、口頭という方法は伝達ミスが起きやすく、特に担当者が変わる場合などは注意が必要である。口頭で伝える際には引き継ぎをしっかりと行うように意識することが大切である。また、かたちに残らないため保護者が再度確認したいときには、その都度保育者が伝えることになる。場合によっては保護者が失念してしまうケースもある。さらに、ノンバーバルコミュニケーションや発言のあり方を誤ってしまうことにより保護者との信頼関係が崩れる場合もある、ということにも最大限の注意を払わなければならない。

おたより、お知らせ

紙と文字を媒体として伝える方法もある。この方法は視覚で情報を得られる、かたちとして残るため再確認がしやすい、という利点がある。成長などを記した記録などは、子どものそのときの姿を残しておくことができ、後で見返すことも可能である。そして、それはこれからの子育てを支えていくものにもなる。

一方で、伝達事項などはすべての保護者に伝わっているか、つまり、すべての保護者が目を通しているかどうかが明確ではないという点があり、内容によってはおたよりやお知らせで伝えた上、さらに口頭で伝えなければならない場合もある。また、保護者のもとに残るため、不適切な記述や表現には十分注意する必要がある。

ICT

ICTとは、Information and Communication Technologyの略語で、「情報通信技術」と訳される。保護者への支援においては、ICTのもつ通信技術を活用したコミュニケーション技術を生かしていく方法がある。

例えば、連絡帳アプリを利用して子どもの様子や伝達事項を連絡する、あるいは保育者が撮った写真が自動的にサーバーに送られ、それを保護者がスマートフォンやタブレットで閲覧できる写真・動画サービスを活用する、などがあげられる。

保護者にとっては好きなときに起動させればいつでも確認できるという利点があり、保育所等においても業務の効率化につながる、多くの保護者に一斉に確実に伝えられる、といったメリットがある。

しかし、保護者が端末を持っていないと伝えることができないものであり、保育所等を利用するすべての保護者の公平性という観点から考えると、不平等が生じる可能性もある。また、個人情報の保護には最大限の注意を払わなければならず、必要に応じて保護者に対する利用規程を設けることも考えなければならない。保育者が十分に活用できるようになるまでにも一定の時間が必要となるであろう。

　ICTは今後、子育て支援においても活用が進んでくると思われるが、保護者の状況を見極めて利用のあり方を考えることが求められる。

事例4　　　**直接的な対話によって感じた「人とのつながり」**

　新型コロナウイルスの感染が全国で広がり、2020年4月、国から「緊急事態宣言」が出された。保育所も自治体によって登園自粛が要請され、K保育園でも保護者に登園自粛の協力を依頼することとなった。

　保護者へのメール配信システムのないK保育園では、送迎時に直接保護者に説明するか、欠席している児童の保護者には電話連絡を行うしか方法がなく、職員で手分けをしてすべての保護者に説明を行った。

　登園自粛期間は1カ月以上続いたため、その後も何度か保護者に電話連絡をして伝達事項を伝える機会があった。それに加え、園長から全家庭に様子伺いのはがきを、各クラスからはクラスだよりを送付した。電話連絡を行うときには一人ひとりの保護者に連絡するため、複数の職員で行っても時間がかかるものだったが、久しぶりに保護者と話すことで"ほっ"とする気持ちが生まれた。「お久しぶりです。皆さん、お変わりありませんか。〇〇ちゃんはどうしていますか」など、会話は自然と子どもについての内容になる。保護者からは「先生方も大変ですね。気を付けてくださいね」と声をかけられ、登園自粛の協力依頼に対する不満は全くなく、やりとりは温かいものだった。

　もちろんメールで一斉に配信する方が早く効率的かもしれない。しかし、一人ひとりと直接言葉を交わすことによって保育者もまた、保護者に支えられていることを改めて感じることができた。

3　保育所等の子育て支援

　保育所等における子育て支援は、常に子どもが存在し保育が行われている環境と、それぞれの知識や技術をもった専門職が配置されている施設であって、さらにそれが地域に開かれた身近な場であるという特徴を生かして行われるものである。そして、子どもの気持ちを理解できるという専門性を有する保育者が保護者の気持ちを受け止め、保護者が自ら養育力を高めることを支える「寄り添い型の

支援」を大切にする。

　これまで保育所等の子育て支援として、保護者との直接的な対話や連絡ノートなどによるやりとり、地域の子育て家庭に向けた行事、保護者との情報共有などについて示してきた。以下に、保育所等が行っている子育て支援の取り組みの具体例をあげる。

（1）保育所等が行う子育て支援の取り組み例

保育参観

　保育参観では、保護者が現場に訪れ、実際の保育の様子や保育活動における子どもの様子を見る。保育所等での子どもの姿を見ることができない保護者にとって、日頃の活動だけではなく、保育者や他の子どもとの関係を知ることは大きな安心につながる。また、保育者が行う保育は子育てのモデルとなるものである。保護者は家庭における姿しか見られないが、集団のなかでの子どもの姿を見ることによって子育てや育ちの新たな視点を得ることができる。

　実施にあたっては、保育活動のねらいや内容が保護者に伝わるように計画を立てることが大切である。子どもの年齢や発達過程に合わせた参観のかたちを工夫することも重要であろう。

保育参加

　保護者が保育活動に参加し、保育者や他の子どもと一緒に活動を体験するものである。保育への参加によって子育てのモデルを得られ、他の子どもとかかわることで自らの子育てを振り返ったり、わが子と向き合う喜びを再確認したりできる。それらは保護者自身の養育力の向上につながっていくものである。

　行う場合は、保護者が参加しやすい活動内容や環境設定を計画した上で楽しく参加できるような工夫をする。また、保育所等を利用している保護者を対象に行った場合、保護者が参加していない子どもに対する配慮も必要である。

　保育参加は保育者の技術や専門性を知ってもらうことで保護者が安心感を得られるという効果もある。何よりも、子どもがいて保育が行われている現場のなかで子どもと保護者、保育者との相互のかかわり合いが築けるという点は子育て支援において大きな意義をもつ。

懇談会

　子どもの年齢別に行うもの、目的やテーマを提示して募った参加者で行うものなどかたちはさまざまであるが、いずれも保護者と保育者との相互の対話によって保護者が安心感を得たり、子育ての閉塞感から解放されたりすることなどを目指すものである。保育者が主導となって参加者どうしの対話を促す方法においても、保護者が主導する場合であっても、保護者が話しやすい雰囲気をつくる工夫が必要である。

　保護者がお互いに顔を合わせ、自分と同じように子育てをしている者として悩みを共有したり、育ちの喜びを分かち合うことは、「自分は一人ではない」という心の支えを得ることにつながる。他の保護者や保育者と実践している子育ての方法を共有すれば、「そういうやり方もあるのか」と悩みに対する解決策を見いだすきっかけになるかもしれない。

　懇談会など保護者と保育者相互の対話の場では、保護者が主体であることを念頭に置く。

子育て広場

　保育所等に地域の子育て家庭を招き、親子の保育活動や子育て講座などを行うものと、保育所等の保育者が施設の外に出向いて行う出張保育などのかたちがある。いずれにおいても、保護者が子育ての楽しさを感じられるような遊びや活動であることを大切にする。

　保育所等の施設で行う場合、家庭で保育を行っている保護者が保育の営みのある環境に触れるということは子育てのモデル獲得といった点において大きな意味があり、在園児と一緒に活動を行えば、子どもについて新たな視点を得たり、子育ての楽しさに気づいたりすることができる。

　保育所等の保育者が出張保育において保育の技術を親子との活動に生かすことで、保護者は保育者の知識や技術、専門性に触れることになり、保育者にとっては他の施設の保育者による実践が互いに専門性の向上につながるものとなる。

　保育所等には地域の子育て家庭に対して積極的に働きかけ、ときには自ら出向いていくなど、「開かれた施設」となることが求められている。

work

| 事例 5 | 本当の悩みは…… ……………………………………………………………… |

　1歳児クラスの保育参観が終わった後、ゆうたくんの母親が「相談があるんですけど」と、保育者に話をしてきた。相談の内容は次のようなものであった。
「最近、ゆうたが私とじゃれあって遊んでいると楽しくなり過ぎたときに甘噛

みというか、噛みつくことがあるんです。もちろん『いけないこと』と伝えて
いるのですが、保育園でお友だちに噛んだりしていないか心配で。もし、そう
いうことがあったら教えて頂けますか？　私自身、保育園に通っていたんです
けどそのときによく噛むお友だちがいて、その子が後で発達障害だった、って
わかったんですよね。うちの子ももしかしたらって思って……。よろしくお願
いします」。

・・

　　ゆうたくんの母親の本当の不安はどこにあるのか、話し合ってみま
しょう。

work

　保育参観や保育参加が終わった後、保育者が保護者に「ありがとうございまし
た」などと挨拶を交わす時間をつくることは子育て相談の機会にもなる。こうし
た機会や送迎時などにおける対話のなかでの相談は個人面談とは異なり、自然な
会話のなかで保護者が悩みや不安を打ち明けているものである。保育者は保護者
の話にしっかりと耳を傾け、深いところにある思いに気づくことが重要となる。

（2）保育所等の子育て支援とは

　保育所等はいつも子どもの姿があり、保育が営まれている場所である。保育士
や栄養士、看護師などそれぞれの知識や技術をもつ専門職が「子どもの最善の利
益」、つまり「"子どものいちばんの幸せ"のために」という同じ目標に向かって
協働している施設であり、しかも地域のなかで保護者にとって最も身近な子育て
に関する専門性を有する施設であると言える。

　保育所等が行う子育て支援は、何よりも保護者との対話を通して保護者の思い
を受け止め、子育ての課題を共に考えながら子どもの育ちを喜び合い、愛情を分
かち合うことを重視する。これは保育所等がもつその特性ゆえに可能な、保育所
等だからこそできる支援である。

　子育ての閉塞感や孤立感、困難を抱えながらもそれらを共有したり、理解し
あったりできる人々が地域から減少しつつある今、保育所等の施設や保育者に求
められている役割は大きい。保育所等は、子ども、保育者、保護者というかかわ

り合いが生み出す「温かいやりとりのある場」である。保育者は子どもの視点でその世界を見ることができ、子どもの気持ちがわかるという、固有の専門性をもっている。この保育者のもつ専門性は、保護者の思いを受け止めて寄り添い、子どもの気持ちを理解してそれを代弁する、という支援に生かされるものである。

　保育者は子どもと生活を共にするなかで、保護者が見ることができない、集団における姿を捉えることができる。きらりと光る育ちの一瞬、思わず笑顔になるようなかわいいひとコマを見逃さずに捉えられるのは保育者の専門性であり、感性である。それらの姿を保護者に伝え、共に分かち合い、喜び合うことこそが保護者にとって大きな支えとなり、子どもへの愛情や子育ての楽しさの気づきへとつながっていく。

　保育所等が行う子育て支援は、保育者、子ども、保護者という相互の関係性のなかで、相手の変容を促すのではなく、思いを受け止めて共に寄り添いながら相手のもっている力を自ら高めていくことを目的とするものである。したがって、支援の効果はただちに明確に表れるとは限らない。しかし、保護者は誰でも"育てる力"をもっている。それを信じるのは保育者である。保育所等に温かく迎え入れられ、困難に寄り添ってもらったという経験は、保護者にとってこの先の子育てを支え、社会を信じて生きていく力となるはずである。

　子育て支援は決して簡単ではなく、困難が伴うときもあるが、保護者との出会い、経験は保育者自身をも豊かにしてくれる。そして、保護者への支援はやがて必ず子どもの利益となってかえっていくものである。

引用文献

1　厚生労働省編『保育所保育指針解説書』フレーベル館、2018、p. 16
2　厚生労働省編『保育所保育指針解説書』フレーベル館、2018、p. 328

参考文献・資料

秋田喜代美・那須信樹編（秋田喜代美・馬場耕一郎監修）『保育士等キャリアアップ研修テキスト7　マネジメント』中央法規出版、2018

小口尚子・福岡鮎美『子どもによる　子どものための「子どもの権利条約」』小学館、1996

掛札逸美・加藤絵美『「保護者のシグナル」観る聴く応える　保育者のためのコミュニケーション・スキル』ぎょうせい、2019

金子恵美編著『保護者支援・子育て支援　埼玉県保育士等キャリアアップ研修』埼玉県福祉部少子政策課、2018

金子恵美編（金子恵美・小沼肇・岡田早苗著）『マネジメント　埼玉県保育士等キャリアアップ研修』埼玉県福祉部少子政策課、2017

厚生労働省編『保育所保育指針解説書』フレーベル館、2018

『社会福祉六法　2017』ミネルヴァ書房、2017

社団法人日本社会福祉会編『新　社会福祉援助の共通基盤　第2版(上)』中央法規
　　出版、2010

髙橋貴志編（高橋貴志・岡田早苗・都留和光・小山千幸・目良秋子・杉山裕子著）『保育者
　　がおこなう保護者支援──子育て支援の現場から』福村出版、2014

森上史朗・柏女霊峰編『保育用語辞典　第6版』ミネルヴァ書房、2011

谷田貝公昭編『新版・保育用語辞典』一藝社、2016

矢萩恭子編（秋田喜代美・馬場耕一郎監修）『保育士等キャリアアップ研修テキスト6
　　保護者支援・子育て支援』中央法規出版、2018

山縣文治・柏女霊峰編『社会福祉用語辞典　第7版』ミネルヴァ書房、2009

(web)

https://www.mhlw.go.jp/content/11907000/000544879.pdf（2021年7月1日閲覧）

https://www.mhlw.go.jp/wp/hakusho/kousei/15/dl/1-01.pdf（2021年4月1日閲覧）

www.metro.tokyo.lg.jp/tosei/hodohappyo/press/2018/02/14/documents/12_02.pdf（2021年
　　7月1日閲覧）

https://www8.cao.go.jp/youth/whitepaper/h20honpenhtml/html/toku_2_3.html（2021年7
　　月1日閲覧）

https://potect-a.com/utillization/johari_window/（2021年7月1日閲覧）

3-2

地域の子育て家庭に対する支援

① 子ども・子育て支援新制度
——地域の実情に応じた子育て支援

　このテキストではここまでに、地域の子育て支援の必要性について学んできた。子育てを地域社会全体で支えていくことが求められているが、「子育て支援」とひと言でいっても、その内容は幅広い。**図1**は、内閣府のHPにある「子ども・子育て支援新制度」の概要であり、子育て支援の全体像を概観できる。この制度でも、子育てを社会全体で支えていくことが、強調されている。

　3－1では、主に保育所等の子育て支援について確認してきたが、ここでは、

子ども・子育て支援制度の概要

市町村主体		国主体
認定こども園・幼稚園・保育所・小規模保育など共通の財政支援	地域の実情に応じた子育て支援	仕事と子育ての両立支援

施設型給付

認定こども園　0〜5歳

幼保連携型

※幼保連携については、認可・指導監督の一本化、学校及び児童福祉施設としての法的位置づけを与える等、制度改善を実施

| 幼稚園型 | 保育所型 | 地方裁量型 |

| 幼稚園　3〜5歳 | 保育所　0〜5歳 |

※私立保育所については、児童福祉法第24条により市町村が保育の実施義務を担うことに基づく措置として、委託費を支弁

地域型保育給付

小規模保育、家庭的保育、居宅訪問型保育、事業所内保育

地域子ども・子育て支援事業

- 利用者支援事業
- 地域子育て支援拠点事業
- 一時預かり事業
- 乳児家庭全戸訪問事業
- 養育支援訪問事業等
- 子育て短期支援事業
- 子育て援助活動支援事業（ファミリー・サポート・センター事業）
- 延長保育事業
- 病児保育事業
- 放課後児童クラブ
- 妊婦健診
- 実費徴収に係る補足給付を行う事業
- 多様な事業者の参入促進・能力活用事業

仕事・子育て両立支援事業

- 企業主導型保育事業
- →事業所内保育を主軸とした企業主導型の多様な就労形態に対応した保育サービスの拡大を支援（整備費、運営費の助成）

- 企業主導型ベビーシッター利用者支援事業
- →繁忙期の残業や夜勤等の多様な働き方をしている労働者が、低廉な価格でベビーシッター派遣サービスを利用できるよう支援

図1　子ども・子育て支援新制度の体系

出所：内閣府資料（2016年）をもとに作成

視点を地域に移してみよう。ここでは、「地域子ども・子育て支援事業」を中心に取り上げるが、子育て支援については、児童福祉法のなかにも「子育て支援事業」として規定されており、市町村が地域の実情に応じて、きめ細やかな福祉サービスを実施できるよう努めることとされている。子ども・子育て支援法では、児童福祉法の規定を受けて、さまざまな子育て支援事業を行うことが記されているが、そのなかにある13事業のうち、保育者の子育て支援実践に関わりが大きい事業の内容を解説する。

　これらの事業については、第1章の1-4「3　多様な他者とかかわる機会」（p. 63～）でも紹介されているように、地域のなかで人とのつながりをつくっていく上でとても重要な事業が多くなっている。

①　利用者支援事業

　子育てに関する相談に応じ、子育てに関する情報提供をし、関係機関との連絡調整をする事業である。地域の子育て支援にはさまざまな支援内容が含まれるが、どのようなときに何を利用できるのか、それを選び取って利用していくのは、内容の詳細を把握する必要があり、容易ではない。利用者支援事業では、それらをコーディネートするケアマネジメントの役割を果たす。それにより、利用者がさまざまな支援を活用しやすいようにしている。

　利用者支援事業はそれを中心にやっていくことになるが、その他の子育て支援の実践者についても、利用者の相談にのり、情報提供する役割があり、地域の子育て支援にかかわる人は、地域の子育て支援の情報を把握しておく必要がある。

　また、利用者支援事業には「母子保健型」が創設され、妊娠中から子育て期にわたり、切れ目のない継続的な支援を実施するため、「子育て世代包括支援センター」がつくられた。子育て支援の実践において、保健師等との連携は欠かせない。

②　地域子育て支援拠点事業

　地域の乳幼児及び、その保護者が相互に交流できる場所である。子育て支援スタッフが相談、情報提供、助言、その他の援助を行うものである。この事業については、地域の子育て支援を担う上でさまざまな可能性が期待されており、3-3（p. 162～）で別途取り上げることとする。

③　一時預かり事業

　保護者に代わり、一時的に子どもを預かってほしいときに利用するものである。

　地域のコミュニティのなかで行われてきた近隣の助け合いで子どもを預けたり、預かったりすることが難しい時代となり、一時預かりのニーズは増えている。

　保護者の不定期の仕事や求職活動、学業、介護等ニーズはさまざまであるが、

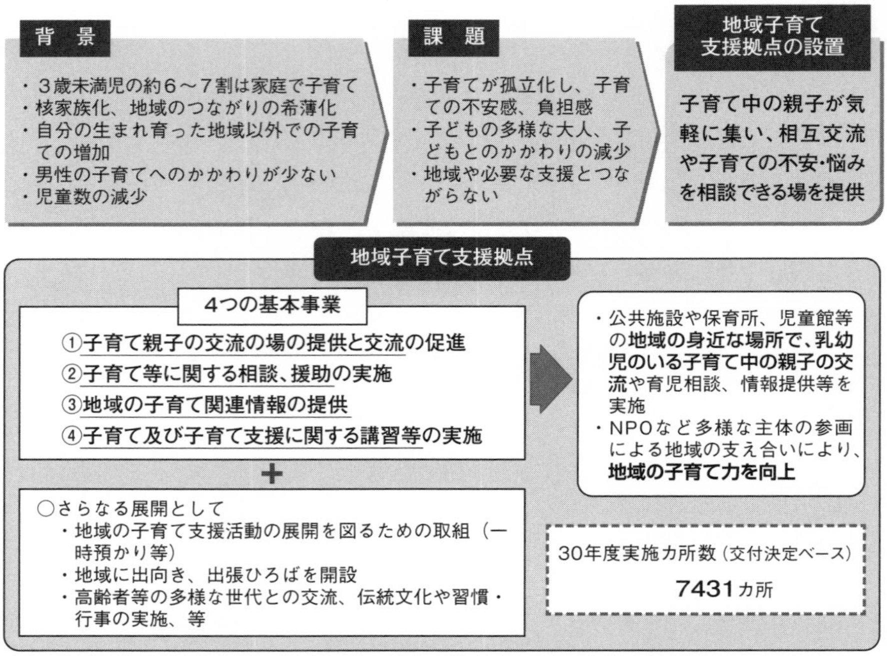

図2　地域子育て支援拠点事業

出所：厚生労働省資料（2019年）をもとに作成

親のリフレッシュ等にも対応できる。

④ 乳児家庭全戸訪問事業・養育支援訪問事業

　乳児家庭全戸訪問事業は、生後4カ月までの乳児がいる家庭の全戸訪問事業であり、「こんにちは赤ちゃん訪問」などの名称で実施されている。すべての乳児のいる家庭を訪問し、子育て支援の関する情報を提供し、養育環境等の把握を行う。子育てに関する不安等に訪問者が耳を傾け、孤独に陥りがちな乳児の子育てを支援する。自分から外に出ていき、支援を求めることができる人ばかりではない。このような取り組みにより、児童虐待の早期発見にも期待が寄せられている。

　また、継続的な支援が必要だと判断された家庭には、保育士、保健師、助産師等の訪問による「養育支援訪問事業」として、その後も養育に関する相談が受けられるようにしている。

⑤ 子育て短期支援事業

　子育て短期支援事業とは、保護者の疾病等で一時的に家庭での子育てが困難になった場合等に、児童養護施設等の入所施設で、必要な保護を行う事業をいい、ショートステイとトワイライトステイがある。一時的に短い期間の泊まりを伴う預かりを行うのが「ショートステイ」である。また、父子家庭などで仕事の状況

により子育てが難しい場合などに対応する夜間の預かりが「トワイライトステイ」である。

利用者からは、「子どもを預かってもらうことで安心できる」という声が出ている。

⑥ 子育て援助活動支援事業（ファミリーサポートセンター事業）

子どもの一時的な預かりなどの援助を受けたい「依頼会員」とその援助を行うことを希望する「提供会員」との仲介役となるのがファミリーサポートセンターである。例えば、乳幼児や小学生の保護者から、子どもの一時的な預かりの希望があったとき、ファミリーサポートセンターでは、子どもを預かってくれる人との調整をする。保護者のレスパイト（息抜き）も提供している。

⑦ 延長保育事業

通常の保育時間の枠を超えて保育を受けられる事業である。保護者の就労形態に合わせながら、保育所が地域の実情に合わせながら対応してきた。

⑧ 病児・病後児保育

病気のとき、病気の後に受けられる保育を行う事業である。個別の医療的な配慮が必要であり看護師と保育者は連携しながら、実施している。

⑨ 放課後児童クラブ

放課後児童健全育成事業のことであり、学童保育と呼ばれている場である。小学校に就学している児童が、放課後、児童厚生施設等を利用し、適切な遊びや生活をするところである。

2 地域の子育て支援拠点事業

この事業は、1-②でも紹介したが、子育て家庭が孤立することを防ぎ、子育ての負担感を軽減することができるよう、子育て親子が交流でき、気軽に相談もできる地域の拠点として徐々に数を増やしてきた。児童福祉法に基づく子育て支援事業の一つであり、社会福祉法における第2種社会福祉事業としても位置付けられている。

図3（次頁）の資料は地域子育て支援拠点事業についての説明を図に示したものである。厚生労働省のHPにあり、毎年更新されている。2018年には、7431カ所の拠点が整ってきたが、まだ目標の8000カ所には届いていない状況である。

保育所は地域のなかの子育て支援の拠点として、保育所に在籍する親子だけで

	一般型	連携型
機能	常設の地域の子育て拠点を設け、地域の子育て支援機能の充実を図る取組を実施	児童館等の児童福祉施設等多様な子育て支援に関する施設に親子が集う場を設け、子育て支援のための取組を実施
実施主体	市町村（特別区を含む。） （社会福祉法人、NPO法人、民間事業者等への委託等も可）	
基本事業	①子育て親子の交流の場の提供と交流の促進　②子育て等に関する相談・援助の実施 ③地域の子育て関連情報の提供　④子育て及び子育て支援に関する講習等の実施	
実施形態	①〜④の事業を子育て親子が集い、うち解けた雰囲気の中で語り合い、相互に交流を図る常設の場を設けて実施 ・地域の子育て拠点として地域の子育て支援活動の展開を図るための取組（加算） 　一時預かり事業や放課後児童クラブなど多様な子育て支援活動を拠点施設で一体的に実麓し、関係機関事とネットワーク化を図り、よりきめ細かな支援を実施する場合に、「地域子育て支援拠点事業」本体事業に対して、別途加算を行う ・出張ひろばの実施（加算） 　常設の拠点施設を開設している主体が、週1〜2回、1日5時間以上、親子が集う場を常設することが困難な地域に出向き、出張ひろばを開設 ・地域支援の取組の実施（加算）※ ①地域の多様な世代との連携を継続的に実施する取組 ②地域の団体と協働して伝統文化や習慣・行事を実施し、親子の育ちを織続的に支援する取組 ③地域ボランティアの育成、町内会、子育てサークルとの協働による地域団体の活性化等地域の子育て資源の発掘・育成を継続的に行う取組 ④家庭に対して訪問支援事を行うことで地域とのつながりを継続的に持たせる取組 ※利用者支援事業を併せて実篤する場合は加算しない。	①〜④の事業を児童館等の児童福祉施設等で従事する職員等のバックアップを受けて効率的かつ効果的に実施 ・地域の子育て力を高める取絹の実算（加算） 　拠点施設における中・高校生や大学生等ボランティアの日常的な受入・養成の実施
従事者	子育て支援に関して意欲があり、子育てに関する知識・経験を有する者（2名以上）	子育て支援に関して意欲があり、子育てに関する知識・経験を有する者（1名以上）に児童福祉施設等の職員が協力して実施
実施場所	公共施設空きスペース、商店街空き店舗、民家、マンション・アパートの一室、保育所、幼稚園認定こども園等を活用	児童館等の児童福祉施設等
解説日数等	週3〜4日、週5日、週6〜7日／1日5時間以上	週3〜4日、週5〜7日／1日3時間以上

図3　地域子育て支援拠点事業の概要

出所：厚生労働省資料（2019年）をもとに作成

はなく、地域の子育て中の親子の支援をすることが求められており、併設の子育て支援センターの他、「園庭開放」や「子育て電話相談」等、地域の子育て支援を行っている。それについては3−1（p. 136〜）に詳しいが、地域にはその他にも多くの子育て支援の拠点がある。

　地域の子育て支援の情報を探すと、「○○子育て支援センター」「○○ひろば」などの名称をよく見かけることだろう。これらは、親子が集うひろば機能を有する拠点であり、気軽に子育ての相談ができるところである。保育所に併設されることが多いが、その他にも児童館や空き店舗や民家を利用するなどの取り組みもある。実にさまざまであり、地域子育て支援拠点事業に含まれない数多くの草の根運動的な実践もある。

「センター型」「ひろば型」「児童館型」とされていた地域子育て支援拠点は、その後「一般型」「連携型」に再編されて、現在に至る。それまでの「センター型」「ひろば型」は「一般型」に統合され、「児童館型」としていた児童福祉施設等において親子が集う場を設けて実施する「連携型」との２種類になった。

子育て支援拠点の事業内容は、**図3**からもわかるように、４点を基本事業としている。これは、「一般型」「連携型」のどちらも実施することになっている共通のものである。

① 子育て親子の交流の場の提供と交流の促進

地域の子育て支援拠点は、子育て中の親子が集う場であり、そこで子どもを遊ばせながら、保護者どうしが会話をし、子育ての情報交換をしたり、子育ての大変さを分かち合ったりすることができる。おしゃべりに花を咲かせ、交流を楽しむ保護者もいるが、初めての子育て支援拠点に訪れて、親子だけで遊び、おしゃべりの輪に入らない場合もある。親子にとって、リラックスした心地よい状態を感じ取りながら、交流を促す配慮が必要な場合もある。

② 子育て等に関する相談、援助の実施

地域子育て支援拠点のなかでの相談の多くは、子どもを遊ばせながらの相談である。世間話や子育ての大変さを聞いてもらっているうちに核心に入っていく場合もある。子育ての答えは一つに限らない。親子にとってのより良い方法を一緒に考えていくことが必要である。場合によっては、別のスタッフが子どもを見守り、個室での相談になる場合もある。継続的な相談が必要な場合には、また子育て支援拠点に来られるよう、日程等を確認し、個別の連絡を積み重ねていく場合もある。

また、個別の相談ばかりではなく、グループワークでの子育て相談を実施する場合もある。子どもを遊ばせつつ、輪になって話すような場合もあるが、託児を依頼し、子どもとは別の部屋で母親のグループとスタッフがじっくり話をしていく形態を取る場合もある。子どもとの分離は、参加親子により状況が異なるが、回数を重ねていくうちに親子共々そのやり方に慣れていき、子どもも親も大きな成長を遂げていることがある。

③ 地域の子育て関連情報の提供

地域の子育て支援拠点は、地域の子育て情報が集められた拠点でもある。そこには、その他の地域の子育て情報もいろいろあり、子育て全般の支援について情報を得ることができる。子育て支援スタッフは、常に新しい情報を入手し、利用者に伝えていく工夫が必要である。利用者は、地域にどのような支援があるのか、

そこで情報を得て、日々の子育てに役立てることができる。

④ 子育て及び子育て支援に関する講習等の実施

　保護者が子育てについて学べるよう、地域子育て支援拠点では講習がある。ある子育て支援の拠点での参加者アンケートでは、夜泣き、偏食、離乳食、子どもの病気等、子育ての日常にかかわるさまざまな心配事があげられた。そのような身近な子育てに関する内容のなかから、地域の利用者の実情等をもとに、講習が実施される。

　その場合、子育て支援拠点のスタッフだけではなく、そのときのテーマに関す

図4　佐倉子育てカレンダー

資料提供：NPO法人子育てネットワーク　佐倉子育て応援団

る専門家の研修を受けたり、保護者どうしでの学び合いの形態をとったりしている。また、親子で一緒に参加しながら学ぶような方法も実施されている。

　地域子育て支援拠点事業について、四つの基本事業を解説したが、これらの拠点は、さらに多機能化が進み、拠点によってはその他の支援内容も実施されている。

3 地域で活動するその他の支援団体等の子育て支援の実際

　地域子育て支援拠点事業等については、コラムでも数カ所紹介しているが、各自治体にある子育て支援を担当する課の窓口の近くには、多くの案内が置かれている場合が多い。自治体のHPなどでも、地域の子育て支援に関する情報をいろいろと見つけることができる。

　地域の子育て支援を行う団体はさまざまであるが、市町村から委託を受けた社会福祉法人やNPO法人等の他、地域子育て支援拠点事業には含まれない地域の活動団体や個人の活動もある。それらは地域の実情に合わせて展開されており、多彩である。

　社会が子育てに関心をもち、社会全体で子育てを応援することが求められているが、地域での力強い実践活動もあり、子育てに関心をもって、子育てを応援していきたいという思いで実践している人たちはいる。しかし、地域の地道な活動は情報が必要な人に届いていない現状も少なくないのではないだろうか。子育て支援のソーシャルワークにかかわる者は、フォーマルな支援だけではなく、このようなインフォーマルな支援についても情報を整理し、子育て家庭に届ける必要があるだろう。

　そのような地域のさまざまな活動を整理し、まとめて発信する部分を担うNPO法人もある。子育て支援のための地域の活動は、活動量もさまざまであり、全体像を把握するのは難しいが、ある地域の子育て支援をまとめてあるカレンダーを見てみよう。この活動も必要な人に必要な支援を届けるための活動であり、ソーシャルワークの役割の一部にも関係する。この地域での子育てカレンダーは、市内の日々の子育てに関する活動が紹介されており、子育てカレンダーを見ると、毎日何らかの子育てを応

援する活動が実施されているのが手に取るようにわかる。この団体の活動により、地域の子育て支援団体や子育て支援を実践する個人が緩やかなネットワークをつくり、お互いの活動を知るということにも役立っている。

事例6

　えみさんは、専業主婦で第１子えいとくんの子育て中。えいとくんの父親である夫はサラリーマンであり、子どもに合わせた夕食の時間までに帰ってくるのは難しい。その地域には引っ越してきたばかりで、友達はいない。祖父母宅との交流はあるが、車で１時間以上かかり、日常的には、平日昼間はえみさんとえいとくん２人の生活である。

　えいとくんは、もうすぐ２歳になる。夜はよく寝てくれるのでだいぶ楽になったが、昼間は活発に動いて遊び、危ない場面もしばしばである。そのようなときにはえいとくんに対して大きな声で注意するが、危ないと言っても言うことを聞いてくれない。えみさんは、えいとくんを追いかけ回すのにくたくたになっている。そんな中でもえみさんは、夫やえいとくんにきちんと栄養を摂らせたいと思い、夕食作りには手を抜かず、バランスの良い食事を心がけている。しかし、その気持ちはえいとくんにはなかなか届いていないのか、一口食べたところでまた遊び始めてしまう。声をかけると一度は戻ってきて、ミニトマトを口に入れ、また遊びに行ってしまった。父親である夫は、「まあおなかが空いたら食べるだろう」と言って笑って見ている。えみさんは「あんなに遊んで、おなかが空いているはずなのに……」と思う。日々の生活のなかで家事はたまっているのだが、えいとくんを寝かしつけるときには、えみさんも疲れてそのまま寝てしまい、気づくと朝になっていることも少なくない。

　最近えみさんは、えいとくんとどのように向き合えばよいのか悩み始めており、少々子育てに疲れを感じている。

　この事例は、どこの家庭の子育てにも日常的に見られそうな光景である。一生懸命な母親、大らかな父親、遊びに夢中になれる元気な男の子、傍目には順調に子育てが進んでいるように見えるが、母親のえみさんは少々疲れがたまっている。このようなときには、親子で地域の子育て支援拠点に出かけていき、そこの子育て支援スタッフとおしゃべりをしてくるのもよいのではないだろうか。

1．あなたが住む地域には、どのような子育て支援の拠点があるかを調
べてみよう。

　1）地域（場所）

　2）名称

　3）内容・開設日・スタッフ・特長等

2．特に「子育て相談」がどのように行われているか、自治体のHPや
役所にあるチラシなどの情報で発信されている内容を調べてみよう。

3．各自で調べた各地域の子育て支援情報について、お互いに発表し合
い、情報交換した後には、話した内容を書き留めておこう。

参考文献・資料

太田光洋・平山祐一郎・渡辺弥生・熊澤幸子・松川秀夫編著（山内昭道監修）『子育て
支援用語集』同文書院、2005

芝野松次郎・新川泰払・宮野安治・山川宏和『子ども家庭福祉入門』ミネルヴァ書
房、2020

保育福祉小六法編集委員会編『保育福祉小六法』みらい、2019

吉田眞理『児童の福祉を支える児童家庭福祉』萌文書林、2010

NPO法人子育てネットワーク　佐倉子育て応援団「佐倉子育てカレンダー」

厚生労働省「地域子育て支援拠点事業の概要」

内閣府・子ども子育て本部「子ども・子育て支援新制度について」

3-3

障害のある子ども
およびその家庭に対する支援

 保育所等のインクルーシブ保育

　保育を学ぶ学生さんに、障害のある子どもたちのことを話したとき、「自分は幼稚園か保育園に就職したいと思っているから、障害のある子どもの話はあまり関係ないかもしれない」とつぶやく人がいた。将来の自分の仕事の諸々をイメージすることは難しいだろうが、障害児施設に勤めるから障害のある子どもについて学ぶ、というように単純に切り離すことができないことは、多くの皆さんが理解していることだろう。近年ではインクルーシブ保育も進み、多くの園において、障害のある子ども、特別な配慮が必要な子どもが受け入れられるようになってきたが、現場の最前線にいる保育者は、子どもの対応に悩みつつも日々必死で子どもに向き合っている様子を見聞きする。保育士養成のなかでも「障害児保育」などの科目があり、障害のある子どもについて学ぶが、現場に出てから改めて、障害のある子どもに関する内容の研修を求める声もよく聞かれる。障害のある子どもや特別な配慮が必要な子どもが増え、「今までの保育が難しくなった」と話す保育者もいる。一方、子どもたちは、素直にそのまま受け止め合い、うまくやり取りしながら、一緒に楽しそうに遊ぶ姿も見受けられる。長年、障害のある子どもを受け入れ続けている園では、どのクラスにも数名の障害のある子どもが在籍する。小さい頃からインクルーシブ保育のなかで多様な子どもたちと生活を共にすることは、多様な子どもがいることが自然な状態であり、大変貴重な経験となるだろう。

　これらの取り組みは、保育所等の園だけの取り組みではない。3－2で説明した地域子育て支援拠点事業についても、利用の親子のなかに特別な配慮が必要な子どもたちが増えていると感じるという声がよく聞かれ、課題となっている。2020年3月には「地域子育て支援拠点事業」の実施要項も一部改正され、「配慮が必要な子育て家庭等への支援」の項目が追加された。[1]地域の子育て支援拠点で

も、「障害児や多胎児のいる家庭など、配慮が必要な子どもの家庭等の状況に対応した交流の場の提供や相談・援助、講習の実施等」をしていくよう求められている。

　ある障害のある子どもを育てる母親が、特別な配慮を必要とする子どもに特化した子育てひろばに誘われ、障害という烙印を押されたようで複雑な気持ちになったと語ってくれたことがあった[2]。しかし一方で、一般の子育てひろばではなかなか楽しく遊ぶことができずに悶々とする時代もあったということである。どのような形態が一番良いということはなく、一つの答えがあるわけではないだけに、その時々の親子の心情を丁寧に汲み取りながら、最善の方法を共に見つけていく姿勢が必要である。

保育所以外の児童福祉施設との連携

　保育所以外の児童福祉施設と一口に言っても、さまざまな施設がある。児童福祉法に規定されている児童福祉施設は、現在12種の施設があり、保育所や幼保連携型認定こども園も含まれる。認定こども園は、児童福祉施設でもあり教育施設でもあるという位置づけであるが、ここでは、保育所と認定こども園以外の児童福祉施設について確認したい。**表1**で太字で示した施設は、障害のある子どもたちのための施設であるが、他の施設においても、障害のある子どもの利用があり、障害がある子どもへの対応が必要であるのは障害児施設に限らない。

・助産施設　・乳児院　・母子生活支援施設　・保育所　・幼保連携型認定こども園
・児童厚生施設　・児童養護施設　**・障害児入所施設**　**・児童発達支援センター**
・児童心理治療施設　・児童自立支援施設　・児童家庭支援センター

表1　児童福祉法に規定されている児童福祉施設

　このように児童福祉施設といっても多くの種類がある。保育者が働く施設は多く、保育者の職域は大変広いが、これらの施設のなかには、社会福祉士、介護福祉士等の他の福祉職、看護師、医師等の医療職、臨床心理士等の心理職、理学療法士、作業療法士、言語聴覚士等のリハビリ職や音楽療法士等の多職種との連携が必要となる施設も多くある。保育士は、施設のなかでも最前線で子どもの生活を支える職種であり、総合的にかかわる能力が求められる。

　太字で示した「児童発達支援センター」は、通所の施設であるが、保育所等の保育施設との併用をする併行通園も実施されている。週の数日児童発達支援センター[*1]等の施設で療育を受け、その他の日は、保育所等の保育施設で多くの子どもと一緒に過ごすということも行われている。障害のある子どもの状況はさまざま

であるが、発達がアンバランスになることが多々あり、生活のなかで不自由な面が現れ、個別の状況に合わせての療育が必要となる。保育所での集団生活は、子どもにとって療育とは異なる成長の糧ともなり、どちらも大切なものである。その場合には、児童発達支援センターと保育所の両者で協力し合いながら、子どもの発達を見守りつつ、連携しながら子育て支援も行う。

児童発達支援センター等の療育[*1]

　児童発達支援センターは、児童福祉法に規定された12種の児童福祉施設の一つであり、療育の施設である。障害のある子どもたちのための「通所」の施設で、入所施設と同じように、「福祉型」「医療型」がある。医療型児童発達支援センターは、医療ケアが必要な在宅の子どもたちが利用する。障害のある子どもたちが生活の不自由さを解消できるよう、取り組みが実践されている。ここでは児童発達支援センター等としたが、児童発達支援センターだけではなく、「児童発達支援事業所」も療育を行う施設である。児童発達支援事業所は、児童福祉法の12種の施設には含まれないが、児童発達支援センターのように子どもが幼稚園に毎日通うように、障害のある子どもが家から通う施設である。そこでは、子どもだけが通うグループや母子通園といって子どもと母親が一緒に通うグループもある。

　児童発達支援センター等は療育の施設であるが、療育とは、治療と教育・治療と保育と説明される。療育は、子どもの状態をよく見て、個々の必要性に合わせて個別支援計画が立てられ、支援チームで共通理解を図りながら実施される。保護者にとって、子どもの成長・発達を願う気持ちは大変大きく、保護者の想いをよく聞き取り、一緒に計画を立てていくことが大切である。

　療育には、個別療育と集団療育がある。個別療育は、文字通り、子ども一人に対して実施される療育である。集団療育は、数名の子どもたちが一緒に活動をする形態である。子どもの興味関心に合わせて、さまざまな療育のかたちがあるが、音楽や造形等の表現活動を療育に活かしている施設が多くある。どのような活動を行うにしても、子どもが楽しく取り組めることが大変重要である。子どもは、遊びのなかで育つ。それは、障害があろうとなかろうと同じである。夢中になって遊び、その結果として、さまざまな成長・発達につながる。療育は、日常生活で困っていることや生きていくために不自由なことなどを解消できるよう目標が立てられ、それに基づい

て実施される。これは訓練ということではなく、遊びの要素を大切にしながら、その延長線上で行われるものである。保育者は、遊びを大切にした療育を学ぶ必要がある。

　特に障害のある子どもの保護者は藁をもつかむような思いで、子どもの成長・発達ために良いことを探している場合もある。保育者は、子育て支援の専門職として、多職種と共に子どもの状態をあらゆる角度から理解し、子どもにとっての最善の支援を保護者と共に考えていく必要があり、それこそが子育て支援となるものである。

 ## ④ 保護者との連携のために

　キュプラー・ロスは、精神科医であり『死ぬ瞬間[3]』(1969年) という本の著者である。死にゆく人の臨床にかかわり、死の受容のプロセスを提唱した。そのプロセスは、障害の受容プロセスも同じプロセスを辿るといわれ、支援の際の説明にもしばしば取り上げられる。

　そのプロセスには、次の5段階が示された。

1. 否認：強いショックを受ける。「これはきっと間違いだ」など
2. 怒り：怒りを感じる。「なぜ、私がこんな目に!?」など
3. 取り引き：何かと引き換えにうまくいくことを考える。「○○をがんばれば、きっと良くなる」など
4. 落胆：落ち込む。「やっぱり無理だ。どうにもならない」など
5. 受容：事実を受け入れる。「事実は変えられないが、精いっぱい生きていこう」など

　状況を受け入れることは容易ではないことが示され、受容のプロセスは一直線ではないことがわかる。前向きな気持ちが表れた後に再び、落胆の状態に陥ることも示されている。さらに障害受容に関しては、心の揺れを表すさまざまなモデルがあるが、それについては次の3-4 (p. 172～) に詳しく記述する。特に保育者がかかわることの多い乳幼児期は、子どもの障害がまだはっきりしていない場合も少なくない。保護者が大変不安定になりやすい時期でもある。仮に障害があることがはっきりとわかった場合も、その受け入れは難しく、保護者の気持ちが受容に向かっていても、その後も長い時間を必要とする。子育て支援にかかわる者はそれをよく理解した上で保護者と向き合うことが求められる。

　これは、集団のなかで目立っていた子どもの話である。インクルーシブ保育を行うときに大切な視点を話し合ってみよう。

事例7　集団でも子ども一人ひとり ······································

　みんな同じがカッコいい!?

　ある園に訪問する機会があった。運動会の練習ということで、年中組が鍵盤ハーモニカの一斉活動をしていた。CDの音楽に合わせ、皆が右手（片手）で同じメロディーを弾く。運動会の練習ということだが、子どもたちの演奏はかなり揃っているできばえである。

　そのなかに、皆と異なる動きをしている男の子がいた。鍵盤ハーモニカのホースの先の吹き口を時々くわえたり、離したりしながら、あちこちを見渡し、集中できない様子だった。しかし両手を使い、軽いタッチで鍵盤の上の指を滑らせ、音楽を聴きながら自分のペースで楽しんでいるようでもあった。

　その後、「指でしっかり押していい音を出しましょう」という先生のコメントが入り、再度練習開始。CDから音楽が流れるとその子は、身体をゆすり始めた。他の子どもは、実習生にアピールするかのように振り向く子どももいたが、ほとんどの子どもが背筋を伸ばし、右手を動かし、前を向いていた。練習後、実習生は感想を求められ、こう答えた。「とても上手ですごいと思います。でもキョロキョロしているお友達もいるので、それが直ったらもっとカッコよくなると思います」と。カッコいいとは……目指すところは……少し複雑な気分になった。真面目で一生懸命な学生のひと言だった。

　皆と異なる動きをしていた子どもはCDから流れる音楽によく耳を傾け、リズムにのって身体を揺らしていた。音楽を楽しめる子どものようだ。その子どものリズム感の良さを活かし、打楽器等を使ってもらう試みをしていく中で、もっと "カッコいい" その子らしさに出合えるのではないかと思う時間だった。[4]

···

　この事例では、子どもたち全員が合わせることを練習している一斉保育の一場面である。

　集団活動には集団活動ならではの良さがあるが、そのなかで一人ひとりの子どもが何を感じているのかを捉え、大人はそれに応えていく必要がある。一人ひとりに思いを馳せて対応していくことで、それぞれを伸ばすことになるだろう。自分らしさを伸ばしていくには、どのような対応ができるだろうか。全体のできばえはあくまで結果として捉えていき、プロセスを大切にし、子どもも大人も楽しみながら一緒に音楽を作り上げていけるとよいだろう。その経験を積み重ねることにより自分も他者も受け入れられる感覚が育ち、人との心地よいつながりをもてる人に育っていくのではないだろうか。

　保育者は何ができるか、それぞれの子どもにとってのより良い育ちは何であるかを考え続けていくことが大切である。必要な個別の対応として、子ども一人ひ

とりに合わせていくということを追求していくと、結果として、満足感の高いまとまりのある集団になっていくのではないだろうか。個別対応のできる支援体制を構築し、一人ひとりに合わせた支援、子どもの育ちに大切なことなどを保護者と共に考えていきたい。

—— work

1．事例の子どもたち一人ひとりが嬉しい保育とは、どのような保育であるか、具体的にあげてみよう。

2．個人で考えたことをグループで発表し合い、できるだけ多くの対応方法のアイディアを確認していこう。

work ——

—— work

　子育て中の父母の気持ちを理解するため、親になりきって行うロールプレイに挑戦しよう。

1．母親や父親の気持ちになり、子育ての苦労や喜びをイメージし、できるだけたくさんあげる。そのなかで、1場面を選び、なぜその場面にしたか、その理由も記しておこう。

①子育ての苦労

②選びたい場面

③選んだ理由

2．母親どうし、父親どうしのグループワーク（おしゃべり会）をイ

メージし、苦労を他の子育て仲間に聞いてもらうイメージでセリフを
考えよう。

3. 父母役は発する言葉を決めて、FＡ[*2]とロールプレイをする（父母役・
　FＡ・観察者に分かれる）。
やってみての気持ちを書き留めておこう。

4. FＡ役は、それについて応答の言葉を改めて考えた上で、再度ロー
　ルプレイを行う。再度のやってみての役柄の気持ちを書き留めておこ
　う。

5. ロールプレイで、どのような気持ちになったか、グループメンバー
　と発表し合おう。

6. すべての役割を経験し、それぞれの立場について考えたこと、感じ
　たことを書き留めておこう。

work

　子育ての分野では、共に育つという「育ち合い」という言葉がよく使われる。大
人は子どもを育てるつもりで、実は育ててもらっている部分もあり、一緒になって
育っていくものである。それは親子の関係に限らず、保護者どうしでも育ち合い、
子育て支援のスタッフもまた、親子に育てられる「育ち合い」のなかにいるのであ
る。保育や子育て支援の現場は、人と人とが影響し合い、共に育つ場所である。

事例8　　**ある３人の園長先生のお話**・・・・・・・・・・・・・・・・・・・・・・・

A園：発達に心配のある子どもがとても多い。障害のある子どもや障害の判定
　　　は出ていないが特別な支援が必要であると考えられる気になる子を含め
　　　ると半分以上の数になる。保育者は、「対応が追いつかず、従来の保育
　　　をやっていくことが大変難しい」と感じている。
B園：50年近く多くの障害のある子どもを受け入れ続けている。子どもたちの
　　　ペースはそれぞれだが、二つの保育室を区切ったり、一つにしたりしな
　　　がら、子どものペースを大切にすることが可能である。小集団での活動
　　　があるときも、その子の気持ちが向いてくるのをじっくりと待つ姿勢で
　　　向き合うことができる。一人ひとり満足しないとうまくいかない。障害
　　　の有無にかかわらず、個別に対応していきたい。
C園：毎年、運動会にマーチングバンドをやっている。障害のある子どもがい
　　　るとなかなか進め方が難しい。我が園の教育についていけない状況だと
　　　その子ども自身もかわいそうだと思う。支援が必要な子どもは福祉の分
　　　野で対応すればよいのではないかと思う。

　保育園等では、本当にさまざまな価値観の下で保育が実施されている。A園で
は結果として、障害のある子どもや特別な支援が必要な子どもたちが集まり、そ
れに対して一生懸命、一人ひとりを大切にする保育を模索している。B園は、昔
から積極的に障害のある子どもたちを受け入れている園であり、ノウハウの蓄積
があるが、やはり子どもは一人ひとり異なり、保育者の日常の努力の上で、イン
クルーシブ保育が実現している。C園は、障害のある子どもを受け入れることに
は消極的であり、最初から集団での活動に支障がないようにと考えている。教育
という言葉を使っているが、「教育」という言葉の捉え方もさまざまである。
　障害のある子どもの受け入れに限らないが、園により考え方は実に多様である。
保育に対する価値観、つまり保育観であるが、何を大切にして子どもや保護者に
何を伝えていきたいのか、それを言葉ができることは、子育て支援に欠かせない
ことである。

ワーク
7

work

　三つの園の園長先生の話を聞き、あなたはどのように感じただろうか。
グループで意見交換をしてみよう。あなたは、何を大切にしたいと思っ
ているのか、話し合いのなかで、「自分の価値観」を確認してみよう。

work

〈ワークシート〉
1．あなたは、三つの園の園長のお話を聞いて、どのように感じましたか。
（個人ワーク記録）

2．あなたのグループでは、他にどのような意見がありましたか。
（グループワーク記録）

3．子どもの育ちに関して、あなたは何を大切にしていきたいですか。
（個人ワーク・まとめ）

4．保育のなかで大切にしたいことをどのように保護者に伝えますか。言葉にしてみましょう。

注

＊1　児童発達支援センター等：児童発達支援事業所も含めた解説をしているため「等」とした。

＊2　FA（ファシリテーター）：グループワークのときの進行役だが、参加者の発言を促し話すよりも「聞く人」となる。環境整備者とも訳され、参加者一人ひとりに配慮する人である。

引用文献・資料

1　「地域子育て支援拠点事業の実施について（実施要項）」厚生労働省（https://www.mhlw.go.jp/stf/seisakunitsuite/bunya/kodomo/kodomo_kosodate/kosodate/index.html　2020年3月閲覧）

2　園川緑「子育て支援の場における母親の気持ちの変容とそのプロセス——特別な支援を必要とする子どもの母親の気持ちに着目して」帝京平成大学紀要27巻、2016

3　キュプラー・ロス（鈴木晶訳）『死ぬ瞬間——死とその過程について』中央公庫、2020

4　園川緑「とうきょう民保協第126号」『子ども "いきいき" シリーズ⑥　集団でも子ども一人ひとり』東京都民間保育園協会、2020（引用抜粋）

参考文献

松本園子・永田陽子・福川須美・堀口美智子『実践家庭支援論』ななみ書房、2011

3-4

特別な配慮を要する子ども
およびその家庭に対する支援

 ① 特別な配慮を要する子どもの現状

（1）「特別な配慮」をどう考えるか

保育における「特別な配慮を要する」とは、具体的にどのような状態を指すのだろうか。保育者は、ある意味かかわるすべての子どもに対して個別的に必要な最大限の配慮をし、日々の保育を行っているともいえる。ここでいう「配慮」とは、「ケア」や「気にかける」「気遣う」という言葉でも表現できると思われる。また「特別な配慮」からイメージされる子どもや家庭は、例えば、貧困、保護者の病気、離婚などによる家族形態の変化、アレルギーや持病、病後児、外国籍家庭、災害での被災など、それぞれの実践現場によって異なり、統一された定義もない。さらにその支援のあり方も、長期に及ぶものから、一時的な配慮によって本来の健康さを取り戻すことができるケースまでさまざまである。

そこで本節では、「特別な配慮」そのものが保育の根幹であること、またその対象が多様であることを前提としたうえで、特に保育現場で「かかわりが難しい」と保育者が感じ、「気になる子ども」「発達に弱さを抱えた子」「支援（配慮）児」などと呼ばれている「発達に課題のある子どもとその家庭」を中心に考える。もっとも、このような子どもたちが先に述べたような背景を複数併せもっていることはよくあることで、外からは見えにくい困難を抱えている場合もある。「気になる子ども」と簡単にひとくくりにすることなく、対象を多面的に理解しようとする姿勢が大切であることは言うまでもない。

（2）「気になる子ども」の在籍状況と気づき

保育現場にいわゆる「気になる子ども」がどのくらい在籍しているのかを調べ

た多くの調査は、「医学的な診断を受けてはいないが、保育者にとって保育が難しいと考えられている子ども」を対象に行われている。

地域、設置主体（公立、私立）、施設（保育所・幼稚園）によって差はあるが、およそ70〜90％前後の保育所や幼稚園にここでいう「気になる子ども」が在籍している。また、全在籍児に占める割合は、およそ2〜7％前後である[1]。

また、「個別的な配慮・支援・工夫を必要としている乳幼児」に関する調査では、子どもの状態像は多い順に「人とかかわることが苦手」「動きが多く落ち着きがない」「集団行動ができない」「こだわりが強い」「指示に従わない」などであった。気づいた時期は、入所前よりも保育中の方が多く、1〜3歳児の頃が多かった。さらに、気づいた人は保護者よりも保育所関係者の方が多く、集団の場面で観察することで気づかれていることがわかる[2]。

よって、このような様子を示す多くの子どもたちの保育が、通常の保育体制のなかで行われているといえる。さらに保護者が気づいて、保護者の方から相談をされるケースばかりではないことからも、保育者は集団での子どもの様子の伝え方に留意し、家庭と連携して成長発達を支えることが重要となってくる。

2 特別な配慮を要する子どもの保育

（1）発達障害の特性

集団での活動が苦手だったり、こだわりが強いなど、保育のなかで「気になる子ども」の理解を深める際に、発達障害の特性についての知識が役立つことがあ

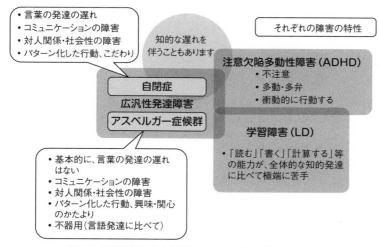

図5　発達障害者支援法における発達障害の分類

出所：厚生労働省政策レポート「発達障害の理解のために」(https://www.mhlw.go.jp/seisaku/17.html　2020年8月15日閲覧)

る。そこで、まずは発達障害とはどのように捉えられるものなのかについて押さえておく。

　発達障害とは、知的障害を伴わない精神的発達の障害についての我が国独自の呼称で、学術的に厳密に定義された概念ではない。また、障害の特性がわかりにくく周囲に誤解されやすい、環境によって適応が大きく変化する、などの特徴がある。[3]

　2005（平成17）年４月に施行された発達障害者支援法においては、「発達障害」とは、自閉症、アスペルガー症候群、その他広汎性発達障害、学習障害（LD）、注意欠陥／多動性障害（ADHD）、その他これに類する脳機能の障害であってその症状が通常低年齢において発現するもの」と規定されている（図5）。

　一方、医学的診断に広く用いられている『精神疾患の診断と統計のためのマニュアル第５版（アメリカ精神医学会）』においては、2013年の改定時に、広汎性発達障害（PDD）を「自閉症スペクトラム障害（ASD）」に統一し、これまでの「自閉症」「アスペルガー症候群」の名称を廃止した。「スペクトラム」とは「連続体」という意味で、実際にこれらの障害をもつ人たちは重症から軽症まで境界線を引かず連続して存在している。また、定型発達といわれる障害がないと判断される状態との境界線上に位置するような「発達の凸凹」をもつ人たちが多くいる。診断名で分類するのではなく、その人の「支援の必要度」を判定し、支援の目安とすることを目的とした考え方である（図6）。

　いずれにしても、「診断がついていないから（保護者が子どもを受診させてくれないから）どう対応したらいいのかわからない」のではなく、元々もっている考え方や行動のかたより（特性）が日常生活のなかでの困難にどのように結びついているのか、どのような支援があれば今よりも園での生活がスムーズに行えるの

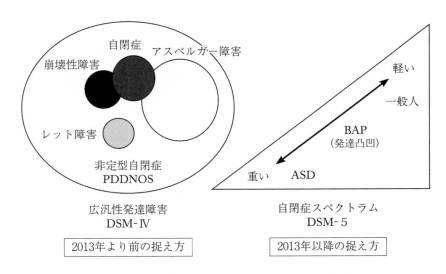

図6　DSMにおける広汎性発達障害と自閉症スペクトラムの捉え方
出所：森則夫ほか編『臨床家のためのDSM-5虎の巻』日本評論社、2014、p. 40をもとに加筆して作成

か、といった観点から「気になる子ども」の理解を進めていきたい。

（2）行動理解のための「氷山モデル」

　保育者が「困った行動」と感じる子どもの様子に対応しようとする際、見かけの問題と基礎にある問題を整理して捉える必要がある。氷山は、水面上の目に見える部分はほんの少しだが、水面下には見えない部分がたくさん隠されていることの例えによく使われる（**図7**）。

　「どうすれば見かけの問題をなくすことができるのか」にこだわっていては、

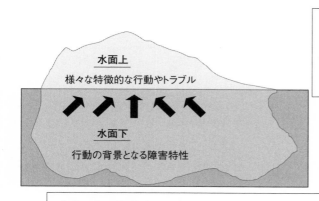

見かけの問題（水面上）
・順番を守れない
・叩く
・物をすぐになくす
・ぼうしを嫌がる

水面上
様々な特徴的な行動やトラブル

水面下
行動の背景となる障害特性

基礎にある問題（水面下）
・社会的な判断力が乏しい
・自分や他者の感情に気づきにくい
・コミュニケーションが十分でないことによるフラストレーション
・不適切な関わり方
・過敏さ

図7　行動理解のための「氷山モデル」

出所：渡部匡隆「4．クラスの中での行動の問題への対処」『小児科臨床』61（12）、2008、pp. 285-290
をもとに作成

その行動の背景にある本質的な部分を見落としてしまう。子どもの困っている理由をさまざまな角度から検討し、環境を工夫するなど「周りが変わっていく」という手立ても大切である。

3　家族に対する支援

（1）気持ちに寄り添う姿勢

　保育における「気になる子ども」は、発達障害の「グレーゾーン」といわれる

こともあるように、明確な診断がついている状態ではない。また、ひと目見ただけではそのような特性や困難を抱えているとはわかりにくいので、日常生活でうまくいかないことがあると「やる気がない」「お行儀の悪い子」などと見られることがよくあり、それゆえに保護者の悩みも大きい。これまでの子育ての過程のなかで、周りからの言葉や視線によってさまざまな傷つきを抱えている場合も多い。

　また、同じ特性をもっていたとしても、周囲の環境や理解で子どもと保護者の気持ちも変わってくる。常に怒られたり、注意される経験を積み重ねると、「どうせ私（うちの子）はだめなんだ」と自己評価が低下し、積極的に人間関係を広げたり、新しいことに挑戦しようとする気持ちが生まれにくくなってしまう。このような「二次的な障害」を生じさせないよう、子どもと家族の将来を見据えた支援が求められる。

（2）障害受容

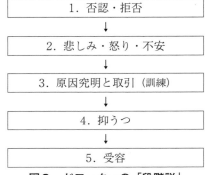

図8　ドローターの「段階説」

「障害受容」とは、障害を受け止めるということであるが、生活のなかで「気になる子ども」として表れるような特性をもっている、他の子どもと同じようにできないことがあるという事実を保護者が受け入れる際の、気持ちの揺れ動きとも重なる部分がある。

　ドローターは、ダウン症の子どもとその保護者について、告知から受け止めていくまでの過程を図8のように説明している。

　まず「認めたくない」という「否認・拒否」の段階、そして「なぜ他の子ではなくうちの子が」という「悲しみ・怒り・不安」の段階、次に「なぜなのか？」「原因を知りたい」「子どもが良くなるためには何でもしたい」といった自分の納得のいく答えを探し求める「原因究明と取引（訓練）」の段階がおとずれる。しかし「何をしたからといって、障害が消えてなくなるわけではない」という現実に向き合い、無力感を感じる「抑うつ」の段階、そして最後に「この子にある障害と、この子の資質、この子らしさ」を並行して受け入れる「受容」へと至るとされている。

　この「段階説」は、発達障害の子どもをもつ保護者にはそのまま当てはまらないとする意見もあるが、人が重い事実を受け入れていく過程には、怒り、落ち込

み、不安の感情や、見た目は活動的になったりなど、行きつ戻りつしながら、それぞれの局面ごとにあらゆる気持ちを抱えていることがわかる。

　また、オルシャンスキーの「慢性悲哀説」によれば、誰の目にも明らかな成長・発達の時期（例えば、ことばを話す、就学、思春期、高校進学など）や人生の節目ごとに保護者は悩み、落胆を示すとされる[4]。

　これらの考え方を参考に、常に目の前の保護者の気持ちを想像し、教えてもらおうとする姿勢をもつことが保護者との関係づくりの基本といえる。

事例9　見通しをもって家事・育児を行うことが苦手な保護者への対応

　Aさんは保育園5歳児クラスの男児Bくんの母親である。家族は、会社員の夫とBくんの3人家族である。職業は、語学講師で学生時代から長年努力して外国語を学び、念願かなってこの仕事に就いた。夫は出張が多く、夫の不在時は保育園の送り迎えや日常の家事や育児は、ほとんどAさんが一人で行っていた。

　Bくんは、転居に伴い5歳児クラスから途中入園した。Bくんはどちらかというと外で集団で遊ぶよりは室内で図鑑を読んだり、自分で考えた工作を作るのが好きな子どもであった。保育園の最終年次でもあり、すでにできあがった子どもたちの人間関係のなかに無理に入れることはせず、Bくんにとってこの園が楽しく、安心できる場になるよう、Bくんのペースを尊重し、保育者たちで見守りながらかかわっていた。

　この園では、日頃の簡単な持ち物や行事の予定変更などは、送迎時に保護者の目に留まりやすいホワイトボードに書いて知らせていた。Aさんは、そのお知らせを見落とすことが多く、持ち物が準備されていないことがたびたびあったが、転園して日が浅いこともあり、園としてはフォローしながら様子を見ていた。しかし、半年を過ぎても状況は改善されず、Bくんの着替えなどを収納するロッカーは、あらゆる季節の衣服が混在し、満杯になっていることが多かった。保育者が「ロッカーは必要最低限のものが入っている方が、Bくんも自分で着替えがしやすいですよ」とAさんに声をかけても、「寒さや暑さ、すべての気候に対応できるよう用意しておきたい」とのことだった。

　ある日、保育園の近所に住んでいる保育者が夜の10時頃、AさんとBくんが降園したときの姿のままで、園の近辺を歩いているのを見かけた。翌日、それとなくAさんに確かめてみると「実は、家に帰るのが怖いんです」と話した。詳しく聞いてみると「うちに帰ると、夕飯の支度や子どものお風呂、洗濯、明日の用意、自分の仕事の下調べなどやらなければならないことが山ほどある。少しでも早く帰宅して取りかからなければ大変なことになるのはわかっているが、イライラしてつい子どもにきつくあたってしまうこともある。そんなこと

を考えると、スーパーや公園などで何となく時間を過ごして、家に帰るのを先延ばしにしてしまうことがある」と打ち明けた。またＡさん自身、子どもの頃から優先順位をつけて計画的に物事に取り組むことが苦手で、得意の語学以外の学業成績は悪かったこと、一度に複数の作業ができず、子どもの翌日の用意などはつい忘れがちになってしまうといったことなどが語られた。

① 一見見えにくい保護者自身の抱える特性

　核家族での共働きの子育ては、いわゆる「ワンオペ」育児にならざるを得ないケースも多い。すべてを一人で背負い込むのは誰にとっても辛いことであり、それが常態化していれば保護者自身の健康を損ねる結果にもなりかねない。この事例のように保護者の特性として、元々段取りをつけて取り組むことや、同時進行の作業が苦手である場合、その困難は計り知れない。

　子どもの保育に日常的に取り組む保育者は、子どものもつ特性には敏感であっても、おとなである保護者がそのような背景を抱えているかもしれないという発想はもちにくいかもしれない。近年「おとなの発達障害」が注目されてきているが、情報の伝達などに際して、わかりやすく適切な方法が取れているかなどを意識することは、多忙な子育て家庭全般への配慮にもなる。

② いざというときに発揮される友好的な保護者との関係

　たまたま保育者が夜間にこの親子を見かけたことから、Ａさん自身が抱えてきた特性による困難が明らかになったが、それ以前から保育園全体がＢくんに寄り添いながら丁寧にかかわってきたことが、Ａさんの保育者への信頼感につながっていた。子どももおとなも否定されない安心感があったからこそ、Ａさんは自分の率直な気持ちを話すことができたと思われる。

　子育て支援とは、なにか問題が起きたときに開始されるものではなく、保育者に支えられ、共同で子育てをしているという感覚を保護者にもってもらえるような日常的な関係性を醸成していくことでもある。

ワーク 8

work

　1．Ａさんがこれまでの人生で抱えてきた困難には、どのようなものがあっただろうか。そのときのＡさんの気持ちにも思いをはせながら想像してみよう。

2．保育園の環境や情報伝達の仕方をどのように変えることで、Ａさん
のような特性をもつ保護者が少しでも子育てをしやすくなるだろうか。
具体的にあげてみよう。

<u>work</u>

引用文献

1　原口英之・野呂文行・神山努「保育所における特別な配慮を要する子どもに対
する支援の実態と課題——障害の診断の有無による支援の比較」『障害科学研究』
No. 37、2013、pp. 103-114

2　笹森洋樹ほか「発達障害のある子どもへの早期発見・早期支援の現状と課題」
『国立特別支援教育総合研究所研究紀要』No. 37、2010、pp. 3-15

3　渡辺隆『改訂　子ども虐待と発達障害——発達障害のある子ども虐待への援助
手法』東洋館出版社、2014、p. 71

4　田中康雄監修『わかってほしい！　気になる子』学習研究社、2004、pp. 146-
149

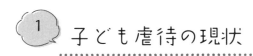

子どもの虐待予防と対応

① 子ども虐待の現状

（1）統計や報道から見る子ども虐待

2019（令和元）年度に全国215カ所の児童相談所が児童虐待相談として対応した件数は19万3780件であった。この件数は、初めてデータが公表された1990（平成2）年度の1101件から過去最多を更新し続けている（序章**図2**〔p. 11〕）。増加の主な理由は、子どもの前で配偶者らに暴力を振るう「面前DV」を含む心理的虐待に関する相談と、警察等からの通告の増加があげられる。[1]

ただしこれらは、あくまで児童相談所へ虐待として通告された件数であり、日本で実際にどのくらいの数の子ども虐待が行われてきたのかを正確に把握することは困難である。

しかし、子どもの生命にかかわる虐待事件がたびたび報道されたり（**図9**）、オレンジリボンキャンペーンをはじめとする子ども虐待防止の啓発活動などにより、これまで明るみになりにくかった子どもたちが受けている被害の

図9　夕刊の一つの面に4件の虐待関連記事が掲載された様子
出所：『朝日新聞』2004年12月14日付夕刊

	家族	親戚	近隣知人	児童本人	福祉事務所	児童委員	保健所	医療機関	児童福祉施設	警察等	学校等	その他	総数
21年度	6,105 (14%)	1,237 (3%)	7,615 (17%)	504 (1%)	5,991 (14%)	317 (1%)	226 (1%)	1,715 (4%)	1,401 (3%)	6,600 (15%)	5,243 (12%)	7,257 (16%)	44,211 (100%)
22年度	7,368 (13%)	1,540 (3%)	12,175 (22%)	696 (1%)	6,859 (12%)	343 (1%)	155 (0%)	2,116 (4%)	1,584 (3%)	9,135 (16%)	5,667 (10%)	8,746 (16%)	56,384 (100%)
23年度	7,471 (12%)	1,478 (2%)	12,813 (21%)	741 (1%)	6,442 (11%)	327 (1%)	202 (0%)	2,310 (4%)	1,516 (3%)	11,142 (19%)	6,062 (10%)	9,415 (16%)	59,919 (100%)
24年度	7,147 (11%)	1,517 (2%)	13,739 (21%)	773 (1%)	6,559 (10%)	293 (0%)	221 (0%)	2,653 (4%)	1,598 (2%)	16,003 (24%)	6,244 (9%)	9,954 (15%)	66,701 (100%)
25年度	7,393 (10%)	1,554 (2%)	13,866 (19%)	816 (1%)	6,618 (9%)	290 (0%)	179 (0%)	2,525 (3%)	1,680 (2%)	21,223 (29%)	6,498 (9%)	11,160 (15%)	73,802 (100%)
26年度	7,806 (9%)	1,996 (2%)	15,636 (18%)	849 (1%)	7,073 (8%)	281 (0%)	155 (0%)	2,965 (3%)	1,714 (2%)	29,172 (33%)	7,256 (8%)	14,028 (16%)	88,931 (100%)
27年度	8,877 (9%)	2,059 (2%)	17,415 (17%)	930 (1%)	7,136 (7%)	246 (0%)	192 (0%)	3,078 (3%)	1,725 (2%)	38,524 (37%)	8,183 (8%)	14,921 (14%)	103,286 (100%)
28年度	9,538 (8%)	1,997 (2%)	17,428 (14%)	1,108 (1%)	7,673 (6%)	235 (0%)	203 (0%)	3,109 (3%)	1,772 (1%)	54,812 (45%)	8,850 (7%)	15,850 (13%)	122,575 (100%)
29年度	9,664 (7%)	2,171 (2%)	16,982 (13%)	1,118 (1%)	7,626 (6%)	218 (0%)	168 (0%)	3,199 (2%)	2,046 (2%)	66,055 (49%)	9,281 (7%)	15,250 (11%)	133,778 (100%)
30年度 (速報値)	11,178 (7%) (+1,514)	2,313 (1%) (+142)	21,449 (13%) (+4,467)	1,414 (1%) (+296)	8,331 (5%) (+705)	230 (0%) (+12)	216 (0%) (+48)	3,542 (2%) (+343)	2,440 (2%) (+394)	79,150 (50%) (+13,095)	11,449 (7%) (+2,168)	18,138 (11%) (+2,888)	159,850 (100%) (+26,072)

※ 割合は四捨五入のため、100％にならない場合がある。
※ 平成22年度は、東日本大震災の影響により、福島県を除いて集計した数値である。
※ 平成30年度の「その他」で最も多いのは、「(他の)児童相談所」が7,455件である。
※ 平成30年度の件数は、速報値のため今後変更があり得る。

表2　児童相談所での虐待相談の経路別件数の推移

出所：厚生労働省「平成30年度　児童相談所での児童虐待相談対応件数〈速報値〉」2019（https://www.mhlw.go.jp/content/1190 1000/000533886.pdf　2020年8月13日閲覧）をもとに作成

事実に目が向けられ、社会問題として捉えられるようになってきた現れともいえる。

　さらに「誰が児童相談所に虐待の相談や通告を行っているのか」については、2018（平成30）年度では最も多いのが「警察等」で全体の50％、次に「近隣知人」が13％となっており、「家族」からの相談よりも多い（**表2**）[1]。これには「近所の赤ちゃんの泣き声が気になる」といった、いわゆる「泣き声通報」の増加も含まれており、気軽に声をかけ合える地域の関係性がない状況が窺える。

（2）児童虐待防止対策の強化

　近年の虐待相談件数の急増、児童が虐待死する痛ましい事件の発生を受けて、2018（平成30）年に「児童虐待防止対策の抜本的強化について」が閣議決定され、国、自治体、関係機関が一体となって虐待防止に取り組むこととなった。

　緊急に実施する重点対策は**表3**（次頁）の通りである[2]。虐待への迅速で確実な対応の強化が主な内容となっている。

　また従来から児童福祉法や児童虐待防止法の改正等により、例えば地域の保健師などが乳児のいるすべての家庭を訪問する「乳児家庭全戸訪問（こんにちは赤ちゃん）事業」など、虐待を未然に防ぐことに重点をおいた予防的な対策が行わ

Ⅰ	転居した場合の児童相談所間における情報共有の徹底
Ⅱ	子どもの安全確認ができない場合の対応の徹底
Ⅲ	児童相談所と警察の情報共有の強化
Ⅳ	子どもの安全確保を最優先とした適切な一時保護や施設入所等の措置の実施、解除
Ⅴ	乳幼児健診未受診者、未就園児、不就学児童の緊急把握の実施
Ⅵ	「児童虐待防止対策体制強化プラン」の策定

表3　児童虐待防止対策の強化に向けた重点対策項目

出所：厚生労働省「児童虐待防止対策の強化に向けた緊急総合対策」2018（www.mhlw.go.jp/content/11900000/000335930.pdf　2020年8月13日閲覧）をもとに作成

れてきている。リスクを適切に特定し支援が必要な家庭に早期に支援を届けることや、子育てをめぐる問題である虐待は誰もが陥る可能性があると認識することは重要である。しかしその一方で、先に述べたように希薄な地域の人間関係のなかで、「他の人から見て虐待をしているように思われない」ことに神経をすり減らしながら閉塞的な環境で子育てする人も少なくない。

 保育者としての子ども虐待予防

（1）保護者のSOSへの気づき

　子どもを通して保護者と日常的に接する保育者は、虐待に気づいたり予防したりするうえで重要な役割を担っているといえる。そのまま放置すれば子ども虐待に至る可能性のある状況を保護者のSOSとして受け止め、対応することが保育者には可能である。

　表4のような様子が見られる場合、保護者が子育てに何らかの困難を抱え、子どもに適切な養育環境を提供することができなくなっている可能性がある。子どもの味方になるだけではなく、保護者の支えになれるような福祉専門職としての保育者が求められている。

（2）集団の場での対応

　虐待に関連する保育者としてのかかわりにおいては、場の特性や専門性を十分に自覚し「できること」と「できないこと」の見極めをすることが不可欠である（**表5**）。園全体で情報を共有することや、さまざまな専門職との協働、地域の関係機関との連携を通して、「保育者だからこそできる」実践を追求し、展開することが大切である。

【子どもの様子】

・過食である
・午睡で緊張・極度の甘えが出る
・自分や他人を傷つける
・高いところから飛び降りるなどの危険な行動
・攻撃的・自責的(「どうせ〜なんか」など)な言葉づかい
・うつろな表情
・虫歯の放置
・警戒心が強く、室内の特定の場所(トイレのような密室など)を嫌がる
・一人遊びが多い
・ごっこ遊びの中で人形をいたぶるなど、暴力を再現するような遊びが見られる
・過度な破壊や攻撃行動
・保育者に抱かれることを拒む
・保育者を独占する
・保育者の嫌がることを繰り返すような「試し行動」が見られる
・赤ちゃん返りが見られる
・自分のしていること、しようと思ったことを修正されるのを嫌がる
・謝ることに時間がかかる
・相手に怒りや不快感を抱かせる
・保護者から離れるのを極端に嫌がる
・保護者のお迎えに反応しない・嫌がる

【保護者の様子】

・理由をつけて欠席させる(虐待の傷を隠している可能性)
・養育に関心がなく拒否的
・子どもを罵り、怒り出すとコントロールがきかない
・体罰を肯定する
・きょうだいで養育態度に差がある
・子どもの抱き方がぎこちない
・予防接種や医療ケアを受けさせない
・子どもの育てにくさを訴える
・園から子育てについてアドバイスや助言をしても、一向に改善しない(しようとしない)
・保育者を避ける、面談を拒否する
・他の保護者とトラブルを起こす
・連絡が取りづらい
・家族以外の出入りがある
・保護者の顔などに怪我やあざが見られる(DVの疑い)

表4　不適切な養育環境が背景にあると考えられる保育園での様子

出所：倉石哲也『保育現場の子ども虐待対応マニュアル』中央法規出版、2018、pp. 50-68をもとに作成

☆保育園ができること・保育園だからできること

・日々の保育を通して、子どもに安心できる生活を保障し成長・発達を支援する(継続的な登園そのものが子どもにとっての「支援」となる)
・優先入手の受け入れや、延長保育など保護者のニーズに応じて「子どもを預かる」ことで保護者の育児負担を軽減する
・子育てが行き届いていないところを部分的に支援する
・保護者の困っていることや子育ての悩みについて一緒に考える
・保護者が他の保護者やさまざまな専門機関とつながることをサポートする
・「この家庭は心配だ」と感じた段階で関係機関に連絡・相談する。記録をとる
・日常保育の中で子どもを見守り、虐待の早期発見につとめ、緊急性を判断する
・虐待や虐待の疑いを発見した場合はすみやかに通告し、関係機関と連携して対応する

☆保育園にはできないこと・やってはいけないこと

・子どもの夜間・休日の見守り
・全面的な家事支援
・保護者の病気・障害・アルコール依存などへの対応
・子どもの一時保護・入院
・保護者への経済的援助
・危険性・緊急性のある場合(命にかかわる子どもへの虐待や保護者へのDV、保育者に危険がおよぶ可能性のある場合など)の対応

表5　保育園で「できること」「できないこと」

出所：保育と虐待対応事例研究会編著『保育者のための子ども虐待対応の基本』ひとなる書房、2019、pp. 17-18をもとに作成

（3）保護者を理解する姿勢

　子どもの発達を援助する保育者にとって、保護者に対してさまざまな情報提供をしたり、ときには話し相手になりながら、家庭での子育て機能が十分に発揮されるよう身近な支え手となり、保護者の立場に寄り添うことも重要な専門性の一つといえる。

　子育てに追い詰められたり、虐待に至ってしまう保護者は自らがうつ病などの精神疾患を抱えていたり、子ども時代に受けた虐待の後遺症に悩んでいたり、経済的な困難を抱えている場合もあり、子育てに関して最も援助を必要としている対象でもある（**表6**）。ただし、このような特徴をもっていたとしても、多くの養育者は適切な子育てを行っており、このような親がみな虐待すると考えるのは極めて浅はかである。そのうえで、子どもの安全を確保するために、多角的かつ迅速な判断が求められているのである[3]。

養育を取り巻く社会的問題	養育者の生育歴・生活歴	養育者の精神的問題
・未婚 ・離婚、別離（配偶者の収監、行方不明を含む） ・内縁関係、再婚 ・家族の死亡（自殺を含む） ・経済的貧困 ・国籍や出所の問題 ・里親家庭としての養育 　　　　　　　　　など	・自身の被虐待歴 ・DV ・若年出産 ・高齢出産 ・妊婦健診未受診 ・母子手帳未発行 ・生活環境における孤立 ・不妊治療後 ・養育者の身体的疾病 　　　　　　　　　など	・うつ病（産後うつを含む） ・統合失調症 ・双極性障害（躁状態） ・境界性人格障害 ・物質依存（アルコール、薬物） ・高次脳機能障害 ・養育者自身の発達障害 　　　　　　　　　など

表6　子ども虐待にみられた養育者自身の諸問題

出所：笠原麻里「虐待傾向のある親の理解と対応」奥山眞紀子・西澤哲・森田展彰編『虐待を受けた子どものケア・治療』2012、p. 192をもとに作成

事例10　　**子育てに関して複数の困難を抱える保護者への対応**・・・・・・・・・

　20歳の女性Aさんは、保育園の2歳児クラスの女児Bちゃんの母親である。ファミリーレストランでパートをしながら、母子二人で生活している。夫とはBちゃんが1歳のときに離婚し、その後は一切連絡をとっておらず養育費などを受け取ったこともない。Aさんの両親はAさんが小学生の頃に離婚し、父親が子どもたちを引き取り、弟と妹の4人家族で育ってきた。Aさんによると「私が子どもの頃、お母さんが家を出ていった。それきりどこで暮らしているのかもわからない。お父さんは長距離トラックの運転手で、3日以上仕事で家にいないことが多く、私が弟と妹の面倒をずっと見てきた。だから、小さい子

の世話は慣れている。親戚の人などとは会ったことがなく、お父さんが一人で一生懸命働いて私たちを大きくしてくれたので、お金に困った記憶はない」とのことである。また「私もお父さんのように誰にも迷惑をかけず立派に子育てしなければならないと思う」とも言う。

　Bちゃんは他市の保育園から転園し2歳児クラスに途中入園した。入園当初、Bちゃんは新しい環境に少し戸惑う様子も見られたが、大好きな保育者がおり、その保育者に抱っこされるととても安心した表情をし、保育園での活動を楽しめるようになっていた。

　ところが、入園3カ月を過ぎた頃から、初夏になっても着替えセットのなかに半袖の服がなかったり、持ってくること自体を忘れたり、洗濯されていないものが入っていることが多くなった。また、ほぼ毎日、朝起きてからおむつを交換せずに登園してくるようになった。保育者が指摘すると「洗濯機が壊れている」「来る途中で出てしまった」などと言い、保育者が声をかけようとすると常に「仕事に遅刻するから」などと会話を避けようとしている様子で、最近では険しい表情で壁をつくるような印象が見受けられるようになった。

　Bちゃんの園での様子に大きな変化はなかったが、以前よりも給食やおやつを一心不乱に食べることがあり、その割には体重や身長の増加があまり見られなかった。

. . . .

① 「困った」保護者ではなく、「何に困っているのか」という視点

　子どもの持ち物や食事の用意など日常的なケアが行き届かず、園では「困った保護者」「だらしのない保護者」などと見られがちなよくあるケースである。このような場合「園のルールにいかに保護者に合わせてもらうか」という説得を目的としてかかわろうとすると、状態が改善されないばかりか、保護者は保育者に心を閉ざしてしまい、最終的には深刻な子ども虐待につながってしまう可能性もある。「困った保護者」を、今「何に困っているのか」「どんな手助けが必要なのか」という視点から捉え直し、保育者としてできる支援を園全体で考えていく。

② 安心できる人間関係づくり

　まずは、若年で出産し、二人きりの母子家庭で働きながら子育てしてきたAさん自身を「これまで大変でしたね」「よくやってきましたね」とねぎらう気持ちを示すことが大切である。

③ 必要な支援の内容を具体的に聞き取る

　そのうえで、日常生活で困っていることは何なのか、これまでやれていたことが滞るようになった理由が何かあるのか、どこまでならできそうかなどをAさん

から具体的に聞き取り、場合によっては着替えの用意など一時的に園が代わって行うことも必要である。それと併行して、効率的な家事のアドバイスをしたり、公的な家事サポートを紹介するなど、最終的にはAさんが自分でやっていけるための手助けをする。また、経済的な事情で洗濯や食事の用意ができなくなっているかもしれないので、Aさんの言葉を短絡的に「言い訳」と捉えず、必要な場合は生活保護など公的な経済支援につなげる。

④ 保護者の子育て観や物事の考え方に目を向ける

また、Aさん自身が育ってきた環境から「人に頼らず一人で頑張らなければならない」という父親から受け継いだ親としてのモデルがあるのかもしれない。生活がまわらなくなってしまう前に誰かに相談することの良さをAさんが実感できるよう、活用できる社会資源の検討や、つながることのできる人間関係が本当にないのかなど、広い視点から一緒に考えていこうとする姿勢も重要である。

⑤ 息の長い支援をみすえる

さらに、Aさん親子が前の園をやめて転園してきていることから、万が一、保育園に来なくなってしまったときのことも考えて、支援が途切れないよう地域の主任児童委員や児童家庭支援センター等と連携し、情報を共有しておくことも深刻な子ども虐待を未然に防ぐことにつながる。

存在を肯定するということ——エンパワメント

先の事例では、まずはAさん自身をまるごと認める姿勢から支援が始まることを示した。

子育て支援においては、その人が本来もっている「自己治癒力」を存分に発揮できるよう支援することが重要になってくる。このような相手の存在を肯定する具体的な考え方に「エンパワメント」があげられる。子ども虐待の問題に日本でいち早く取り組んできた森田（1998）は、「エンパワメント」を「わたしたち一人ひとりが誰でも潜在的にもっているパワーや個性をふたたび生き生きと息吹かせること」と定義している。[4]

森田（1998）によれば、たとえば、生まれたばかりの赤ちゃんは、**図10**の左のハートにあるように、まわりからたくさんの「肯定的パワー（エンパワメント）」を与えられれば、「本来のわたし」がもっているすばらしさが一層輝きを増す。しかし外から「否定的なパワー」が加えられることで、右のハートのように傷ついてしまう。[5]

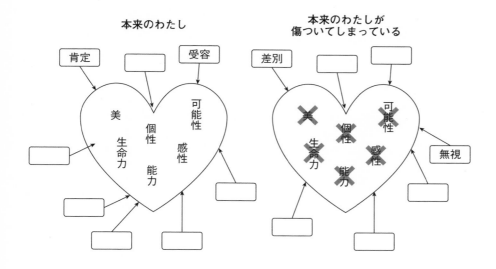

図10　「肯定的パワー（エンパワメント）」と「否定的なパワー」

出所：森田ゆり『エンパワメントと人権』部落解放研究所、1998、p. 17 をもとに作成

【語群】

比較　　信頼　　共感　　愛情　　競争　　暴力　　過剰な期待　　尊重

　自分の存在を認められ力を発揮するためのエールとなる「肯定的パワー（エンパワメント）」や、逆にその力を削いでしまうような「否定的なパワー」には、ほかにどのようなものが当てはまるだろうか。語群を参考にし、さらに自分の経験などに照らして自由に考え、空欄に記入してみよう。

　私たちの生活を「自分を取り囲むパワー」という視点からふり返ってみた。自分をはげましてくれたり、逆にへこませてしまうまわりからの言葉や状態について再確認したうえで、さらに自分自身は他者に対して「エンパワメント」を与えることのできる存在であろうとしているか、という点についても意識してみよう。

引用文献・資料

1 厚生労働省「平成30年度　児童相談所での児童虐待相談対応件数〈速報値〉」2019 (https://www.mhlw.go.jp/content/11901000/000533886.pdf　2020年8月13日閲覧)

2 厚生労働省「児童虐待防止対策の強化に向けた緊急総合対策」2018 (https://www.mhlw.go.jp/content/11900000/000335930.pdf　2020年8月13日閲覧)

3 笠原麻里「虐待傾向のある親の理解と対応」奥山眞紀子・西澤哲・森田展彰編『虐待を受けた子どものケア・治療』2012、p. 192

4 森田ゆり『エンパワメントと人権──こころの力のみなもとへ』部落解放研究所、1998、p. 17

5 森田ゆり『エンパワメントと人権──こころの力のみなもとへ』部落解放研究所、1998、pp. 15-19

3-6

要保護児童等の
家庭に対する支援

 1 要保護児童等について

（1）要保護児童等とは

　児童福祉法において「要保護児童」とは、「保護者のない児童又は保護者に監護させることが不適当であると認められる児童」（第6条の3第8項）と規定されており、具体的には虐待を受けている児童や非行児童、保護者がいない児童のことを指す。

　さらに、育児ノイローゼや虐待のリスクがある、また児童養護施設などを退所後に家庭復帰した児童とその保護者など、保護者の養育を支援することが特に必要と認められる「要支援児童」（第6条の3第5項）と、若年での妊娠などでリスクを抱え、出産後の養育について出産前において支援を行うことが特に必要と認められる「特定妊婦」（第6条の3第5項）も含めて、家庭で子どもが健やかに育つことに困難があり、公的な子育て支援を必要とする子どもや保護者のことを「要保護児童等」と呼んでいる。

（2）要保護児童対策地域協議会とは

　要保護児童の早期発見や適切な保護を図るためには、関係機関が情報を共有し、連携して対応しなければならない。そこで、市町村の体制強化を図るために「要保護児童対策地域協議会」が2004（平成16）年法定化され、2017（平成29）年の時点では99.7％の市町村に設置されている[1]。

　個別の相談、通報から支援に至るまでの具体的な流れについては、地域の実情に応じてさまざまな形態で運営されることとなるが、厚生労働省は**図11**（次頁）のような実践モデルを示している。

189 ▲

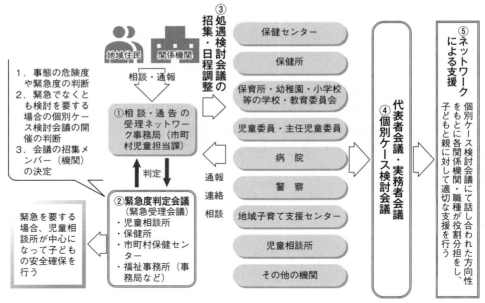

図11　要保護児童対策地域協議会の実践モデル

出所：厚生労働省「要保護児童対策地域協議会設置・運営指針について」2005年（https://www.mhlw.go.jp/bunya/kodomo/dv03/01a.html　2020年9月1日閲覧）をもとに作成

　保育者は子育て家庭の最も身近な福祉機関の専門職といえる。子どもと家庭を支援するための社会資源をうまく活用しながら、ネットワークの一員として子育て支援を担う。各関係機関が普段から情報交換や研修等の交流を行い、「お互いに顔の見える関係」にあることが、他機関との円滑な連携を可能にする。

 施設入所に関する対応を必要とする家庭への支援

（1）より家庭的な社会的養護の推進

　要保護児童の養育は、社会的養護の制度において、主に入所施設での「施設養護」を中心に行われてきたが、施設の小規模化を目指す動きに伴い、2016（平成28）年の児童福祉法の改正により「家庭と同様の環境における養育の推進等」が明記された（**図12**）。

　従来、里親や小規模住居型養育事業（ファミリーホーム）を「家庭的養護（family-like care）」と表現していたのを、「家庭養護（family-based care）」と表現することとし、施設養護を含め、社会的養護のすべてが家庭的養護を目指すという考え方を明らかにした[2]。

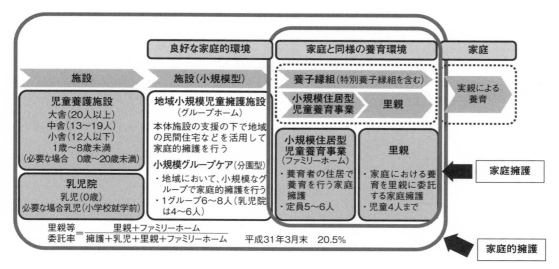

図12　家庭と同様の環境における養育の推進

出所：厚生労働省「社会的養育の推進に向けて」2020年（https://www.mhlw.go.jp/content/000503210.pdf 2020年9月1日閲覧）をもとに加筆作成

（2）入所児童の背景

「養護問題発生理由別児童数の割合の推移」（**図13**）を見ると、子どもが施設に入所する理由は、保護者の不在にあたる「父母の死亡」と「父母の行方不明」が

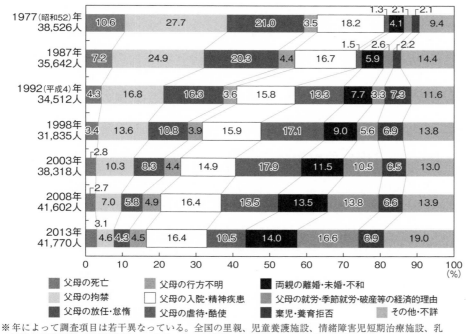

※ 年によって調査項目は若干異なっている。全国の里親、児童養護施設、情緒障害児短期治療施設、乳児院の入所児童。平成25年はファミリーホーム委託、自立援助ホーム入居の児童も含む。

資料：厚生労働省雇用均等・児童家庭局「児童養護施設入所児童等調査」

図13　養護問題発生理由別児童数の割合の推移

出所：恩賜財団母子愛育研究所編『日本子ども資料年鑑 2019』KTC中央出版、2019、p.200をもとに作成

	総数	虐待経験あり	虐待経験の種類（複数回答）				虐待経験なし	不明
			身体的虐待	性的虐待	ネグレクト	心理的虐待		
里親	5,382	2,089	629	62	1,361	390	3,028	265
	100.0%	38.4%	30.4%	3.0%	65.8%	18.8%	56.3%	4.9%
児童養護施設	27,026	17,716	7,274	796	11,169	4,753	8,123	1,069
	100.0%	65.6%	41.1%	4.5%	63.0%	26.8%	30.1%	4.0%
児童心理治療施設	1,367	1,068	714	96	516	505	249	46
	100.0%	78.1%	66.9%	9.0%	48.3%	47.3%	18.2%	3.4%
児童自立支援施設	1,448	934	604	55	465	330	436	72
	100.0%	64.5%	64.7%	5.9%	49.8%	35.3%	30.1%	5.0%
乳児院	3,023	1,235	357	2	816	202	1,751	32
	100.0%	40.9%	28.9%	0.2%	66.1%	16.4%	57.9%	1.1%
母子生活支援施設	5,308	3,062	937	124	588	2,477	2,019	201
	100.0%	57.7%	30.6%	4.0%	19.2%	80.9%	38.0%	3.8%
ファミリーホーム	1,513	802	365	60	500	289	576	123
	100.0%	53.0%	45.5%	7.5%	62.3%	36.0%	38.1%	8.1%
自立援助ホーム	616	441	238	48	241	243	125	48
	100.0%	71.6%	54.0%	10.9%	54.6%	55.1%	20.3%	7.8%

※総数には、不詳を含む

表7　被虐待経験の有無及び虐待の種類

出所：厚生労働省「児童養護施設入所児童等調査の概要（平成30年2月1日現在）」2020年（https://www.mhlw.go.jp/content/11923000/000595122.pdf　2020年9月1日閲覧）をもとに作成

1977（昭和52）年の時点では最も多かった。その後、その割合は徐々に減少し、1998（平成10）年以降は、子ども虐待にあたると思われる「父母の放任・怠惰」「父母の虐待・酷使」「棄児・養育拒否」の割合の方が多くなっている。2013（平成25）年では、約4割の理由が虐待に関連したものであることがわかる。

また、入所児童の被虐待経験の有無については、児童養護施設、児童心理治療施設、児童自立支援施設、自立援助ホームにおいて6割以上の子どもがこれまで育ってきた過程で何らかの虐待の被害を受けてきている（**表7**）。

（3）親子再統合の現状と課題

先に**図13**で確認したように、実親が存在する施設に入所している児童が増加している。そのため、ゆくゆくは親子が安心・安全に暮らせるよう、施設での支援や治療は親子の関係統合を視野に入れることが望まれる。

厚生労働省は、親子関係再構築支援を推進させる取り組みとして、ガイドラインの作成や施設で総合的な家庭環境調整を行う「家庭支援専門相談員（ファミリーソーシャルワーカー）」の配置を行っている[3]。

親子関係再構築とは「子どもと親がその相互の肯定的なつながりを主体的に回復すること」と定義される（**図14**）。具体的には親子交流や一時帰宅のほか、保護者が子どもに適切な対応をするためのスキルを学んだり、子どもが自分の生い

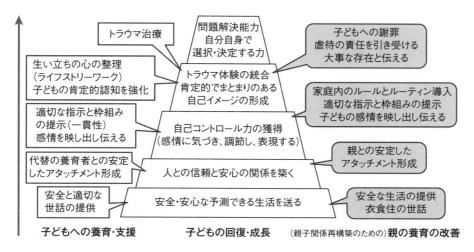

図14　子どもの回復過程と親子関係再構築

出所：厚生労働省（親子関係再構築支援ワーキンググループ）「社会的養護関係施設における親子関係再
　　　構築支援ガイドライン」2014年（https://www.mhlw.go.jp/seisakunitsuite/bunya/kodomo/kodomo_kosodate/
　　　syakaiteki_yougo/dl/working9.pdf　2020年9月1日閲覧）をもとに作成

	総数	保護者の もとへ復帰	親類等の 家庭への 引き取り	自立まで 現在のま まで養育	養子縁組	里親・ファ ミリーホー ム委託	他施設へ 移行予定	現在の ままでは 養育困難	その他	不詳
里親	5,382	549	34	3,696	654	4	74	108	225	38
	100.0%	10.2%	0.6%	68.7%	12.2%	0.1%	1.4%	2.0%	4.2%	0.7%
児童養護 施設	27,026	7,490	311	15,748	48	439	547	1,023	1,221	199
	100.0%	27.7%	1.2%	58.3%	0.2%	1.6%	2.0%	3.8%	4.5%	0.7%
児童心理 治療施設	1,367	509	20	294	－	25	352	43	113	11
	100.0%	37.2%	1.5%	21.5%	－	1.8%	25.7%	3.1%	8.3%	0.8%
児童自立 支援施設	1,448	824	27	65	－	40	327	43	107	15
	100.0%	56.9%	1.9%	4.5%	－	2.8%	22.6%	3.0%	7.4%	1.0%
ファミリー ホーム	1,513	279	16	1,040	20	3	25	21	82	27
	100.0%	18.4%	1.1%	68.7%	1.3%	0.2%	1.7%	1.4%	5.4%	1.8%
自立援助 ホーム	616	30	3	489	1	32	19	37	－	5
	100.0%	4.9%	0.5%	79.4%	0.2%	5.2%	3.1%	6.0%	－	0.8%

表8　児童の今後の見通し別児童数（乳児院を除く）

出所：厚生労働省「児童養護施設入所児童等調査の概要（平成30年2月1日現在）」2020年（https://www.mhlw.go.jp/content/
　　　11923000/000595122.pdf　2020年9月1日閲覧）をもとに作成

立ちのなかで抱えているさまざまな感情や葛藤を整理することを支援するプログ
ラムを実施するなどの方法がある。

　一方、子どもが施設を退所した後の見通しについての実際は、児童養護施設、
ファミリーホーム、自立援助ホームにおいては「保護者のもとへ復帰」よりも
「自立まで現在のままで養育」される、つまり保護者のもとへは帰らない（帰す
ことができない）ケースが多く、親子再統合への道は容易ではない（**表8**）。

さらに、施設で生活する子どもが一時帰宅中に虐待されて死亡する事件など、「未熟な再統合」が「再虐待」へとつながり、最悪の事態をもたらす場合もある。家族の養育機能が回復して初めて家族の再統合が可能になることを十分に理解した上で慎重に支援を行う必要がある[4]。

（4）「養育をつなぐ」観点[5]

　施設で生活する子どもたちは、家庭から施設、施設から別の施設、施設から里親、里親から施設、施設から家族……などなど、その育ちのさまざまな段階で「養育の引き継ぎ」を受けてきている。子どもにとって「養育者が変更される」ということの重大さを認識し、個々の子どもの事情や思いを丁寧に聴き取り、尊重する姿勢が大切である。

　その人の生涯での「人生の分かれ道」ともいえるような社会的な分岐点において、踏みとどまらせたり、背中を押してくれる心理的な支えとなる他者が「アタッチメント」の対象である。施設での養育にかかわる保育者は、子どものこれからの人生の土台を形づくる一員として、「いかにその場の養育者とアタッチメント関係をつくるか」だけではなく、「いかに養育者間で良きアタッチメント関係をつなぎ、リレーしていくか」を重要課題として意識する必要がある。

　さらに、子どもが自身の人生史を整理し、理解を深めるための援助の重要性が施設養育において認識されてきており、その作業の聞き手、支え手としての役割も保育者には求められている。

（5）自分自身の「家族観」を再認識する

　例えば、ある子どもが「私のお母さん」あるいは「私のおうち」と言ったとき、それを聞いて具体的にどのようなことを思い浮かべるだろうか。その子の言う「お母さん」とは生物学上の親ではないかもしれないし、主に育ててくれた祖母や、里親を「お母さん」と呼んでいるかもしれない。また「おうち」に関しても、施設やグループホームこそが、これまでの人生のなかで自分が最も落ち着ける安心の場であると感じている子どももいるだろう。

　人が「何をもって家族と思うか」、つまり「家族のイメージ」や「家族観」は自分が実際に育ってきた経験や、現在の生活の形態の影響を受けている。「家族」について考える際には、個人のもつ固定観念にとらわれず、その多様性について理解しておく必要がある。

③ そうじをするのは誰?

　社会的養護のうち、施設において子どもたちの生活をサポートする際には、職員それぞれの専門性や役割、個性等を活かしながらチームで養育に取り組むことが求められる。そのためには、職場における定例のカンファレンスや打ち合わせ以外にも、何気ない雑談ともいえるようなインフォーマルな意見交流が重要な役割を果たす。普段の話し合いのなかで、ときには援助の方針や子どもの捉え方に職員間で違いが生じることもあるだろう。こういったときに、単に意見の相違として批判したり、距離をおくだけではなく、それぞれの考えの背景にある思いや意図を理解しようとする姿勢が、最終的には施設全体の多面的な子ども理解につながる。

　ここでは「施設内のそうじを誰がするのか?」といった話題で、職員間で考えが異なる事例を想定し、ロールプレイをしてみよう。

事例11

　ある児童養護施設で「施設内のそうじはそもそも誰がすべきなのか?」ということが職員間で話題になった。この施設は最近新設され、他のさまざまな児童養護施設や乳児院などでの勤務経験のある職員が集まっており、前職での経験を子どもたちの養育に活かそうと活気にあふれた職場であった。そこで出された意見は、大きく分けて次の二通りであった。

意見1:そうじは子どもたちがするべき

　「自分たちが生活している場所なのだから、それがあたり前のこと。特に施設で暮らす子どもたちは、他の同年代の子どもたちに比べて早い時期に自立しなければならないことが多い。将来本人が困らないよう、日常生活で必要な技術を身につけさせて社会に送り出すのが私たちの役目だと思う」

意見2:そうじは職員がするべき

　「そうじを子どもたちに任せると、ほうきで遊び始めたりしてホコリを撒き散らすだけになり、余計に汚くなる。何よりもここは子どもたちにとって安心できる居場所であってほしい。そのためにも清潔で快適な空間を提供したい。家庭で育つ同級生たちは家事のほとんどを親にやってもらっているのだから、家庭的な環境を保証する意味でもそうじは職員がやるべきだと思う」

ワーク
10

work

1. あなた自身の考えはどちらに近いだろうか。また、そう考えるのはなぜだろうか。

私の考えは、意見（1・2）に近い（どちらかに○をつける）。

なぜなら……

以下に理由を記入しよう。

2．グループやペアになって、意見1・2の職員の役を割り振り、それぞれになりきって演じ、ディスカッションしてみよう。その際、自分がなぜそう思うのかを反対意見の人に丁寧に説明し、かつ自分とは異なる相手の主張の背景にある思いに着目することを意識しよう。

最後に、感想を出し合いワークの振り返りをし、気づいたことや考えたことを以下にまとめてみよう。

work

引用文献

1　厚生労働省「要保護児童対策地域協議会の設置運営状況調査結果」（https://www.mhlw.go.jp/content/11900000/000349526.pdf　2020年9月1日閲覧）

2　山縣文治「要保護児童のための福祉サービス」網野武博・山縣文治編『社会福祉学習双書』第3章第1節、全国社会福祉協議会、2019、p. 60

3　厚生労働省「児童養護施設等における親子関係再構築」（https://www.mhlw.go.jp/file/05-Shingikai-12601000-Seisakutoukatsukan-Sanjikanshitsu_Shakaihoshoutantou/0000099520.pdf　2020年9月1日閲覧）

4　西澤哲「子ども虐待と精神的問題」奥山眞紀子・西澤哲・森田展彰編『虐待を受けた子どものケア・治療』診断と治療社、2012、pp. 9－10

5　内藤新祐・武田由「乳児院・児童養護施設における心理臨床の実践」『日本臨床心理士雑誌』29（1）、2020、pp. 54－55

3-7

多様なニーズを抱える
子育て家庭の理解

 貧困による経済損失

　子どもの貧困を巡っては、厚生労働省の調査で、平均的な年収の半分を下回る世帯で暮らす18歳未満の子どもの割合は、2012（平成24）年に過去最悪の16.3％となり、日本全体の貧困率を上回ったと報じられた。しかしながら、「貧困の実態」は十分にわかっていない。国側の動きも鈍く、「子どもの貧困対策法」成立（2013年）を受けて、ようやく本腰を入れる状況にある。

　東京都足立区は保護者の所得や食費、生活環境が影響するとされる虫歯の有無などを調査したり、沖縄県では「1年間で必要な食料を買えなかったことのあるひとり親世帯」の割合を調べたりしている。さらに、日本財団は2015（平成17）年12月、ひとり親家庭や生活保護家庭の子どもを対象にした研究で、貧困対策を取らなければ経済損失は2.9兆円に及び、国の財政負担は約1.1兆円増えるとの結果を発表するなど、貧困問題と経済との深い関連と、その問題への早期対応の必要性を示唆している。

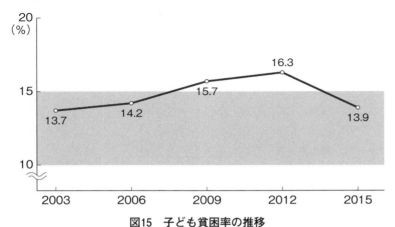

図15　子ども貧困率の推移
出所：厚生労働省「平成28年国民生活基礎調査」をもとに作成

2 貧困・孤食　広がる地域支援
──子ども食堂の事例

　貧困家庭や孤食の子どもに食事を提供し、安心して過ごせる場所として2012（平成24）年から始まったが「子ども食堂」の取り組みである。最近は対象を限定しない食堂も増えてきており、自宅以外で過ごす居場所で食事を出しているところもある。

　2016（平成28）年の調査結果によれば、都道府県別で最も子ども食堂の設置が多かったのが東京で50、次いで、滋賀29、神奈川・京都・大阪22、沖縄17と続き、全都道府県に最低でも１カ所は設置されるほど広がってきている。一方、開催頻度は、月１回が139カ所で約４割を占めており、月２〜３回が71カ所、週１回が57カ所、週５回が15カ所といった具合である。子どもの料金は「お手伝い」などの条件付きを含めた無料が175カ所で約55％であり、有料の場合は50円〜500円の範囲で料金設定され、100円〜300円が多い。さらに、運営に関しては、NPO法人や民間団体、個人などが多く、費用は寄付や持ち出し、公的補助や民間企業の助成金などで賄われている。開催場所は公民館、児童館などの公的施設のほか、事務所、空き店舗、民家、医療施設の交流スペース、寺などが活用されている。いずれにしても、ケースに応じて保健所の営業許可をとる必要があるが、単なる食事提供の場ではなく、「子どもの居場所」や「子どもの状況把握」（虐待問題等の早期発見につながる）の場に加え、人間関係の希薄化により衰退している地域社会の活力再生のきっかけとしても機能することが求められよう。

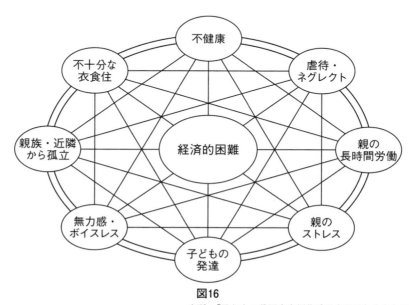

図16
出所：「子どもの貧困白書編集委員会2009」をもとに作成

3 無戸籍の人々への支援

　次いで、親が出生届を出さず、「無戸籍」となっている人が2014（平成26）年以降の法務省の調査で、1403人確認され、このうちの約半数が2017（平成29）年7月時点でも無戸籍のままであることが報じられている。救済手続きの煩雑さや周知不足が無戸籍解消の足かせになっている。行政が把握できていない例も含めると、無戸籍の人はさらに多数に上るとみられる。

　無戸籍の救済手続きには、裁判を起こして元夫と父子関係がないことの確認や、血縁上の父との父子関係の確認をしたうえで、戸籍を取得する方法がある。法務省や地方自治体は戸籍の取得を呼びかけているが、手続き方法を知らなかったり、知っていても裁判は金銭面を含め負担が大きいため、無戸籍を放置したりする例も少なくない。

　また、こうした親子が保育所・幼稚園に通う場合には、戸籍上の問題に加え、言葉の壁、文化の壁など、コミュニケーション上の課題が多く、特別な支援も必

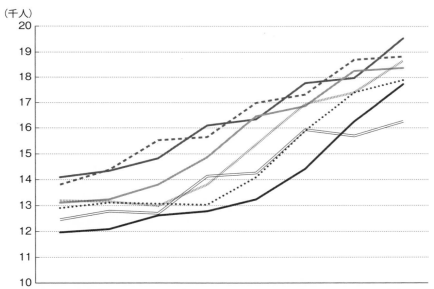

	2012年12月末	2013年6月末	2014年6月末	2015年6月末	2016年6月末	2017年6月末	2018年6月末	2019年6月末
0歳	12,461人	12,779人	12,731人	14,147人	14,244人	15,938人	15,714人	16,255人
1歳	13,822人	14,399人	15,532人	15,658人	17,021人	17,343人	18,739人	18,860人
2歳	14,095人	14,340人	14,835人	16,112人	16,347人	17,778人	17,987人	19,543人
3歳	13,105人	13,253人	13,823人	14,888人	16,484人	16,870人	18,259人	18,374人
4歳	13,210人	13,171人	13,013人	13,827人	15,374人	16,953人	17,408人	18,691人
5歳	12,933人	13,117人	13,074人	13,043人	14,113人	15,908人	17,411人	17,893人
6歳	11,969人	12,103人	12,615人	12,809人	13,243人	14,432人	16,269人	17,730人

図17　グローバル化する保育所と「多文化共生保育」

出所：World Family's Institute of Bilingual Science「グローバル化する保育所──外国語を使える保育士の重要性」(http://bilingualscience.com/english/　2020年10月15日閲覧) をもとに作成

要になってくる。しかしながら、国としての対応やガイドラインは存在せず、2018年4月から適用されている新しい保育所保育指針でも「保育所では、外国籍の子どもをはじめ、さまざまな文化を背景にもつ子どもが共に生活している。保育士等はそれぞれの文化の多様性を尊重し、多文化共生の保育を進めていくことが求められる。」（厚生労働省、2018）という指針が示されているが、具体的な保育内容やカリキュラムは説明されていない。保育所保育指針に記載されている「多文化共生保育」は、多数の外国人が住む地域の自治体やNPO、ボランティア団体、大学、研究所によってその必要性が発信され、実践されてきた。今後は、「多文化共生保育」の実現を目指し、どういう課題があり、どのようなニーズをもっているのかを把握しつつ、適切に介入することが求められ、加えて、支援者側にも第2外国語の習得や異文化理解への努力が望まれる。

【保育者が感じている言葉の壁に関する事例】

- 子どもとの意思疎通が難しく、活動内容や指示内容を理解してもらえない
- 子どもの言葉に関する発達の程度がわかりにくい
- 二つの言語を話す子どもへの接し方がわからない
- 子どもどうしのコミュニケーションが難しい
- 保護者との意思疎通が難しく、重要な連絡事項が伝わらない
- 保護者に子どもの様子（成長や友人関係、病気・怪我など）を細かく伝えられない
- 保護者とのコミュニケーション不足によって誤解や行き違いが生じる場合がある
- 外国籍の保護者がほかの保護者との意思疎通ができずに孤立する

 4 災害支援と被災地の子どもたち

　災害には、台風によるものや地震によるものなどのような自然災害と、火災や爆発のように人的に引き起こされるものがある。

　2013（平成25）年6月、災害対策基本法一部改正により、それまでの災害時要援護者と表現していた人々について、高齢者、障害者、乳幼児等の防災対策において配慮を要する人（要配慮者）のうち、災害発生時の避難等に特に支援を要する人については、「避難行動要支援者」として、名簿の作成を義務付けることが規定された。

　2018（平成30）年6月の大阪北部地震のときには、情報や安全を求めて留学生たちが避難所に詰めかけた。今後はより一層、言葉やコミュニケーションについて、対応が求められる人々の増加が見込まれる。

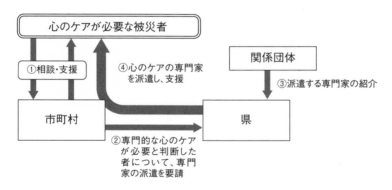

図18　実施フロー図
出所：長野県「被災地心のケア事業」『都市問題』Vol.110、2019をもとに作成

　さらに、日本の被災地救済においては、「復旧」には熱心だが、「復興」にはまだまだ課題が多いといわれている。特に、精神的に大きなダメージを受けたり、トラウマとなってしまっているケースに対し、物質的支援に加え、精神的支援（心のケア）の継続的な取り組みが重要課題となっている。

ワーク 11

work

　以下の文章を読んで、保育者、クライエント、観察者の3役を交互に行い（各ロールプレイ8分間、振り返り5分間）、各々の良かった点、良くなかった点（改善点）を指摘し合い、共有しましょう。その際、観察者シート（pp. 203〜205）を活用してください。なお、面接場面のロールプレイをする際、以下の事例の内容はクライエント役だけが事前に見ることとし、保育者役、観察者役の人にはロールプレイ終了後に見るように注意してください。

事例12　　登校拒否児とその母親の歩み

　6月初旬、A市教育委員会指導課の指導主事から、小学校5年生の女児が登校拒否をしている。そのため両親が若い親を攻撃し、担任が苦慮しているので、双方の相談にのってほしいと児童相談所へ訴えがあった。

【相談の主訴】

　小学5年生の女児。5年生になってから担任が替わった。そして5月下旬、算数の時間に問題が解けず、居残り勉強をさせられた。この時残った児童数はかなり多かったにもかかわらず、本児は相当ショックを受けた様子で、それ以後時折登校を渋るようになった。本児は学校の成

績は優秀で、常にクラスでもトップ。しかも誰にでも優しく親切で、み
んなが馬鹿にしているような級友に対しても常に優しい交流をもつ子ど
もであった。

　両親は、うちの子に限って、というプライドがあり、特に父親は「6
月から全く学校に行かず、暗い顔をして家の中でじっとしている。1日
も早く登校させたい。どうしたらいいだろうか」と、担任を激しく憎ん
でいる様子であった。

【家族構成（仮名）】

父親　清水　隆（大卒、42歳、公務員）

母親　清水　則子（短大卒、40歳、主婦）

兄　　清水　清（中1、13歳）

本児　清水　晃子（小5、10歳）

work

観察者シート

観察者氏名 _____

保育者役： _____

1　この面接の良かったところはどのようなところですか。

2　この面接がもう少し良くなるようにするためにはどうしたらいいと思いますか。

3　あなたがわかった範囲で、この面接の相談内容を簡単に書いてください。

観察者シート

◆事例の内容 （　　　　　　　　　　　　　　　　　　　　　　　　　　　）

この相談援助場面を観察して思ったことを書いてください。

◆事例の内容 （　　　　　　　　　　　　　　　　　　　　　　　　　　　）

この相談援助場面を観察して思ったことを書いてください。

◆事例の内容 （　　　　　　　　　　　　　　　　　　　　　　　　　　　）

この相談援助場面を観察して思ったことを書いてください。

相談者（クライエント）を振り返るシート

氏名＿＿＿＿＿＿＿＿＿＿＿＿＿＿＿＿＿＿＿＿＿＿＿＿＿

1　あなたにとって保育者の相談ののり方はどのように感じましたか。

2　あなたの相談にのってくれた保育者のどのような点が良いと感じましたか。

3　事例を読んで、あなたはどのような相談者になろうと努力しましたか。

コラム 5

COLUMN

赤ちゃん木育ひろば

　「木育（もくいく）」という言葉をご存じだろうか。「木材のよさやその活動の意義を学ぶ教育活動」[1]のことであるが、東京おもちゃ美術館HPの木育ラボでは、わかりやすい言葉で「木が好きな人を育てる活動」と説明している。

　日本にはたくさんの種類の木があるが、その日本の木の特長を活かしたおもちゃがたくさんある場所を紹介する。東京おもちゃ美術館のなかにある「赤ちゃん木育ひろば」である。「赤ちゃん木育ひろば」は、2011年に新宿区と提携して開設された。

　そこは木の香りがいっぱいの癒し空間であり、利用される子育てママたちのお顔もゆったりしているように見える。0～2歳の子どもたちが保護者と共に良質な木のおもちゃで遊ぶことができ、子どもたちが自ら動き出し、楽しんでいる姿がある。ひろばの中央には、白く塗られた池のようなスペースがあり、そこに転がっている卵のようなおもちゃ（スギコダマ）は、日本の杉でできている。ツルツルした手触りでとても気持ちがいい。池のようなスペースを行ったり来たり……スギコダマを摑んでみたり、転がしてみたり……よちよち歩きの赤ちゃんにとっては、大冒険の場所になっていることだろう。

　「赤ちゃん木育ひろば」のある東京おもちゃ美術館にはたくさんのボランティアさんがかかわり、利用の親子の遊びにかかわっている。子育ては親だけでできるものではないが、80代のボランティアさん、会社勤めの休日のみのボランティアさん、学生さんなどなど、子育て中の親子だけではない多世代が交流できる施設として、"みんなで子育て"を実現している。

（お話を伺った人：東京おもちゃ美術館副館長・子育て支援事業部部長　石井今日子さん）

1　林野庁情報紙「林野－RINYA－」4月号（No. 37），林野庁一口メモ，2010

COLUMN

公津の杜なかよしひろば（千葉県成田市）

地域の子育て支援拠点は、自治体直営の場合もあるが、社会福祉法人やNPO法人や株式会社等の子育て支援実施団体に運営を委託する形態が数多く見られる。ここ「公津の杜なかよしひろば」も、NPO法人が自治体から運営を受託する形態である。

この施設では、月に一度の休館日を除き、毎日開所する。親子がいつでも立ち寄れて、

子育ての分かちあいや相談ができる場所であり、利用者は育児の困りごとをスタッフに話したり、母親どうしで情報交換したり、盛んに交流している。

公津の杜なかよしひろばでは、子育て支援に関するさまざまな取り組みをしているが、中には母親どうしの活動、ハンドベル、コーラス、手づくりの活動もあり、子育て中の母親の社会的な活動も支援している。それらの

活動は、子育てしながらのちょっとした楽しみや自己実現の場ともなっており、サークルで力を発揮しているうちにひろばのスタッフになった母親もいる。母親の活躍は、子育ての経験を活かした次世代の子育て支援者の人材育成にもつながっている。

また、父親や祖父母の利用も多く、学生ボランティアも積極的に受け入れるなど、家族や地域の人が集い、つながる場としての支援にも力を入れている。

（お話を伺った人：NPO法人親そだちネットワークビジー・ビー理事長／公津の杜なかよしひろば施設長　伊藤雅子さん）

子育て支援の現状と課題

 子どもと親の両方が育つ子育て支援

　合計特殊出生率の低下やあらゆる場面でのオートメーション化が進んでいるに
もかかわらず、多子世帯の多かった昔に比べて、今の時代、なぜ「子育て困難」
が強調されているのだろうか。「育児ノイローゼ」「育児放棄」などの用語が相変
わらず目立っている。確かに、核家族化や一人っ子世帯の進展により、子育ての
伝承や相互依存が少なくなったり、子どもどうしがかかわる機会が減少し、大変
危惧されている。つまり、いくら豊かで便利な時代を迎えたと言っても、自動化
やマニュアル化でもって代替できないのが「子育て」と言える。だからこそ、時
代背景や地域事情も考え合わせながら、その時々の実情を鑑み、子育て支援を展
開することが求められよう。

　保育所や幼稚園などの施設内のみで保育が完結するわけではなく、家庭や地域
も含め、トータルな視点から子どもの生活の充実を考慮することが重要であり、
従来の保育サービスではカバーしきれない部分を担う可能性があるのが子育て支
援である。

　実際、子育て中の親は、子どもに対し、試行錯誤しながら「ああでもない」
「こうでもない」と取り組むのだが、なかなか親の思い通りにはならない。とき
には親の考えている範囲を超えて行動する場合もある。子育てや育児に関し、
「育自」（自分を育てるの意味）という造語もあるように、子育ては子どもと共に親
自身をも育む一つの鍛錬の場といってもよいだろう。子どもと共に育つという意
識をもちながら、その瞬間を大切に共有する姿勢をもとうとすることが重要であ
る。

これからの子育て支援の課題

　さて、これからの子育て支援については、多様な問題に直面することが予想される。第1に、共働き世帯の増加による子育て機能の低下の問題である。共働き世帯において育児・家事を担うのが圧倒的に母親であると指摘されるように、「ワーク・ライフ・バランス」の問題や家事分担の問題が鍵となる。その背後には、子育て世帯に対する会社・企業側の理解や、男性（父親）の育児休暇の取得など、社内のみならず、社会的な風潮としても子育て分業の理解が深まることが望まれよう。そして、父親が育児や子育てに参加しやすいような仕組みやプログラムを用意することも必要である。さらに、大変なときには思い切って依存してみることも重要である。苦しいときに「助けられた」という経験が、次の「助けよう」という原動力になることが期待される。

　第2に、在日外国児の子どもの支援である。こうした親子の場合、保育所・幼稚園に通う際に、戸籍上の問題に加え、言葉の壁、文化の壁など、コミュニケーション上の課題が多く、特別な支援も必要となる。さらに、肌、髪、目などの色の違いからいじめや差別の対象になることもあり、注意が必要である。背景、文化、価値観などの多くが異なる子どもどうしがかかわることで、視野を広げたり、価値観の多様化が生まれるなどの効果も期待でき、そうした相互理解に結びつくように、まずは親自身がそうした態度でかかわり、子どもに見本を見せる必要があろう。

　第3に、自然災害発生及び被災地の子どもへの支援である。首都直下型地震や南海トラフ地震の発生が予測されている。それに加え、最近では、新型コロナウイルスの影響もあり、各家庭はますます孤立化の傾向が強まっている。しかし、かりに大地震や大津波が明日にでも来ればどうすればいいのだろうか。近隣住民や自治区民どうしのかかわりや助け合いがないなかで、どうやって生き延びようというのだろうか。突発的災害発生時にこそ、本当の地域の姿や人間関係が暴露されると言っても過言ではない。そこで、まずは日常において、近隣の情報共有や関係構築から始まり、いざというときの備えとして、社会資源（ヒト・もの・情報）を今のうちから準備しておくことが重要であろう。

 ## 子育て支援者の養成・研修と質の向上

　子育て支援の分野では、国家資格として保育士、社会福祉士などがあるが、公的なもの以外では各自治体や民間で独自に展開されている研修や養成講座があるのみである。統一された資格制度の検討段階にはあるようだが、まだ実現に至っていない。

そうした状況下では、個々の親子や家族で、自分たちの不得手な部分や興味関心の高い部分などを選定しながら、計画的かつ重点的に研修に参加し、スキルアップを図ることが重要である。その際、研修プログラムの履修や資格講座の合格だけがゴールではない。例えば、研修プログラムでは、他の参加者や講師とのコミュニケーションの場面があり、こうした際に、情報共有をしたり、人脈を広げていくことも重要である。また、各々が実際の事例をもち寄って、ロールプレイをしたり、グループ検討し合うことも重要である。

　とにかく、昨今のスピード社会のなかで、漠然と研修をこなすということは避け、子育て支援の質を高めるためには、何を目的として、どこを鍛えているのかがわかるように、「見える化」を図りながら、「子育て支援とは何か」を自問自答することが重要である。そして、ミクロ、メゾ、マクロと視点を変えながら、その時々で必要なアクションを起こし、次世代へつなぐ意識をもちつつ進んでいくことも忘れてはならない。

4 優しい社会を目指して——地域に安心感を

　岡山県北東部の山あいにある人口約6000人の奈義町の事例は注目される。50年前までは9000人ほどいた人口も現在は半減と、過疎化が進行し、2005（平成17）年の合計特殊出生率は1.41を記録したものの、同町では、出産祝い金、医療費無料化（高校卒業まで）、保育料の減免、親子が自由に利用できる「なぎチャイルドホーム」の無料開放、一時預かり保育の実施、など切れ目のないさまざまなとり組みを行った結果、2014（平成26）年には町内で60人の子どもが誕生し、合計特殊出生率が2.81という驚異的な数字を叩き出した。まさに、地域住民に子育てに対する安心感を与えた結果であろう。

　ただし、すべての地域において奈義町のようにいくとは限らず、むしろ例外と言えるかもしれないが、参考事例としては注目される。大日向雅美は「政府が女性活躍の旗を振っているにもかかわらず、出生率が伸び悩むのは、肝心の女性が効果を実感できず、不安を拭えないから」と指摘している。さらに、「政治家は、障害者を含めた弱者に寄り添える新しい社会像を示すべきだ。優しい社会を実現できれば、女性も安心して子どもを産もうと思うはず」と論じられており、「優しい社会」の構築こそ、子育て支援策の展開の鍵と言えよう。

　このような「優しい社会」づくりの担い手こそが、若い皆さん自身であることを自覚し、充実した日々や住みよい安心感・安全感の溢れる地域社会の構築を目指し、一方で、各家庭の状況や特徴を尊重しながら、主体的かつ意欲的な子育て支援が展開されることを願っている。

【著者略歴】

井上美和 （いのうえ・みわ）————————————————●第１章３～４節

〔所属〕帝京平成大学現代ライフ学部人間文化学科専任講師

〔経歴〕同志社大学大学院文学研究科社会福祉学専攻博士前期課程修了、修士（社会
福祉学）。社会福祉士、精神保健福祉士、中学校教諭一種免許状（社会）。

〔著書〕「障害をもつ子の親への視座と障害学に基づく社会のあり方の一考察」『社会
福祉科学研究（創刊号）』（論文、社会福祉科学研究所、2012）、『保育・社会福祉学
生のための相談援助演習入門』（共著、萌文書林、2015）、『地域福祉の原理と方
法』（共著、学文社、2019）、『現代社会福祉の諸相』（共著、大学図書出版、2020）他

岡田早苗 （おかだ・さなえ）————————————●第１章１～２節、第３章１節

〔所属〕社会福祉法人晴翔会青葉保育園園長、日本社会事業大学非常勤講師

〔経歴〕東洋英和女学院大学大学院人間科学科修士課程修了、修士（保育・児童福祉施
策）。社会福祉士、社会福祉主事。

〔著書〕『保育者がおこなう保護者支援――子育て支援の現場から』（共著、福村出版、
2014）、「改定『保育指針』今後に向けて望むこと」『保育の友（2017年１月号）』
（単著、全国社会福祉協議会、2017）、『マネジメント　埼玉県保育士等キャリア
アップ研修』（共著、埼玉県福祉部少子政策課、2017）、「とうきょう民保協『子ど
も "いきいき" シリーズ』」（分担執筆、一般社団法人東京都民間保育園協会）他

土永葉子 （つちなが・ようこ）————————————————●第３章４～６節

〔所属〕帝京平成大学現代ライフ学部児童学科准教授

〔経歴〕北海道大学大学院教育学研究科修士課程修了、修士（教育学）。臨床心理士、
公認心理師。

〔著書〕『保育・社会福祉学生のための相談援助演習入門』（共著、萌文書林、2015）、『保
育・教職実践演習――自己課題の発見・解決に向けて』（共著、萌文書林、
2016）、『保育士資格取得特例教科目テキストシリーズ　子ども家庭支援論』
（共著、みらい、2019）、『保育と子ども家庭支援論』（共著、みらい、2020）他

丸谷充子（まるや・みつこ）━━━━━━━━━━━━━━━━━●第2章1〜3節、コラム4

［所属］和洋女子大学家政学部家政福祉学科准教授

［経歴］日本女子大学大学院家政学研究科児童学専攻初等教育コース修了、修士（家
政学）。放送大学大学院文化科学研究科文化科学専攻臨床心理プログラム修
了、修士（学術）。公認心理師、臨床心理士、臨床発達心理士、社会福祉士、
保育士、幼稚園・小学校教諭専修免許状。

［著書］『保育相談支援：保育の今を問う』（共著、ミネルヴァ書房、2014）、『絵本ものがた
りFIND——見つける・つむぐ・変化させる（シリーズ〈絵本をめぐる活動〉
2）』（共著、朝倉書店、2016）、『こども理解と観察　親子観察を通して創造的実
践力を育てる授業の試み』（共著、ななみ書房、2018）、『子ども家庭支援の心理
学』（共著、アイ・ケイコーポレーション、2020）他

【編著者略歴】

園川　緑（そのかわ・みどり）──────────●序章、第3章2～3節、コラム1～3・5～6

　　［現職］植草学園短期大学こども未来学科教授
　　［経歴］聖徳大学大学院音楽文化研究科音楽療法コース修了、修士（音楽療法）。放送
　　　　　　大学大学院文化科学研究科文化科学専攻人間発達科学プログラム修了、修士
　　　　　　（学術）。保育士、社会福祉士、日本音楽療法学会認定音楽療法士。児童福祉
　　　　　　施設・高齢者施設で、保育や介護・相談援助の仕事を経て保育者養成へ。帝
　　　　　　京平成大学を経て、現職。
　　［著書］『保育・社会福祉学生のための相談援助演習入門』（共編、萌文書林、2015）、『保
　　　　　　育の表現活動──ことばを育む保育の素材・教材』（共著、学文社、2016）、『障
　　　　　　害児保育──障害のある子どもから考える教育・保育』（共著、光生館、2018）、
　　　　　　『子ども家庭福祉入門』（共著、ミネルヴァ書房、2020）、「とうきょう民保協『子
　　　　　　ども“いきいき”シリーズ』」（分担執筆、一般社団法人東京都民間保育園協会）他

中嶋　洋（なかしま・ひろし）──────────●第2章4～6節、第3章7節、終章

　　［現職］中京大学現代社会学部准教授
　　［経歴］上智大学大学院総合人間科学研究科博士後期課程単位修得満期退学、博士
　　　　　　（医療福祉学、論文）。社会福祉士、精神保健福祉士。帝京平成大学、高知県立
　　　　　　大学などを経て、現職。また、日本福祉文化学会編集委員長・同理事、NP
　　　　　　O法人全日本大学開放推進機構（UEJ）理事などを務める。
　　［著書］『保育・社会福祉学生のための相談援助演習入門』（共編、萌文書林、2015）、『地
　　　　　　域福祉・介護福祉の実践知──家庭奉仕員・初期ホームヘルパーの証言』
　　　　　　（単著、現代書館、2016）、『図解でわかる！地域福祉の理論と実践』（共編、小林
　　　　　　出版、2017）、『実習指導必携プロソーシャルワーク入門』（編著、八千代出版、
　　　　　　2018）他

装幀・本文レイアウト	aica
DTP制作	ゲイザー
イラスト	宮下やすこ

保育者のための
子育て支援入門
ソーシャルワークの視点からやさしく学ぶ

2021年9月10日　初版第1刷発行

編 著 者　園川　緑・中嶌　洋

発 行 者　服部　直人

発 行 所　㈱萌文書林

〒113-0021　東京都文京区本駒込6-15-11

Tel. 03-3943-0576　Fax. 03-3943-0567

https://www.houbun.com

info@houbun.com

印刷・製本　モリモト印刷株式会社　　　　　　　　　　　〈検印省略〉